教養としての「戦国時代」

小和田哲男
Owada Tetsuo

PHP新書

はじめに

たまに、色紙などへの揮毫《きごう》を依頼されることがあるが、私は「歴史を学び、歴史に学ぶ」という言葉を記すことにしている。ただ歴史を学ぶだけでなく、「歴史から学ぶ」べきだと考えているからである。

現代を生きる私たちが、先人たちの生き方、智恵から学ぶべきことは多い。

一つは、先人たちの失敗から学ぶということで、これは古くからの言葉「前車《ぜんしゃ》の覆《くつがえ》るは後車の戒《いまし》め」として知られている。歴史を学ぶことで同じ失敗をしないで済むというわけである。

ただ、「歴史に学ぶ」というとき、それだけではもったいない。実は、先人たちの生き方や智恵に、激動の時代を生きるためのヒントが詰まっているからである。

現代は激動の時代といってよいと思うが、激動の時代の最たるものが戦国時代である。その戦国時代を生きた武将たちから、現代の私たちが学ぶべきことは多いのではなかろうか。それは単に一人の人間としてだけではなく、組織の一員としても同じである。

では、その激動の時代といわれる戦国時代とは、どのような時代だったのか。その時代に人びとはどのように生き、組織を強くしていったのか。本書では具体例をあげながら、わかりやすく解説し、戦国時代の入門書として、現在の研究の到達点を明らかにしたつもりである。

本書の中でもふれているが、歴史の研究は常に進んでいる。それは、戦国時代史も例外ではなく、今から十年前、あるいは二十年前の通説はかなり書き直されていて、常識とされてきたものが通用しなくなっていると指摘されている。昔、読んだ本などの知識ではなく、最新研究に裏付けされた歴史に学ばなければ、本当の意味で「歴史に学ぶ」ことはできないのではなかろうか。

私はここ数十年、NHK大河ドラマの戦国時代を扱った作品ではいくつか時代考証の仕事をしてきた。一九九六年の『秀吉《ひでよし》』から始まって、二〇二三年の『どうする家康《いえやす》』まで八作品で携《たずさ》わってきたが、ドラマを見る上でも、戦国時代についての最新の知識が有るのと無いのとでは、楽しみ方も違ってくるのではないかと思われる。

第一部「名将たちの真価――なぜ成功したのか」では、注目される戦国武将たちの生きざまを追い、第二部「あの合戦の実相――通説は覆された」では、最新研究の到達点を紹介し、第三部「乱世の叡智――現代に活かす」では、歴史をどう読むかのヒントにふれている。全体を通して、戦国時代と現代がつながっていることを読みとっていただければ幸いである。

教養としての「戦国時代」　目次

第一部　名将たちの真価――なぜ成功したのか

第三部 乱世の叡智――現代に活かす

戦国武将の生没年と主な合戦

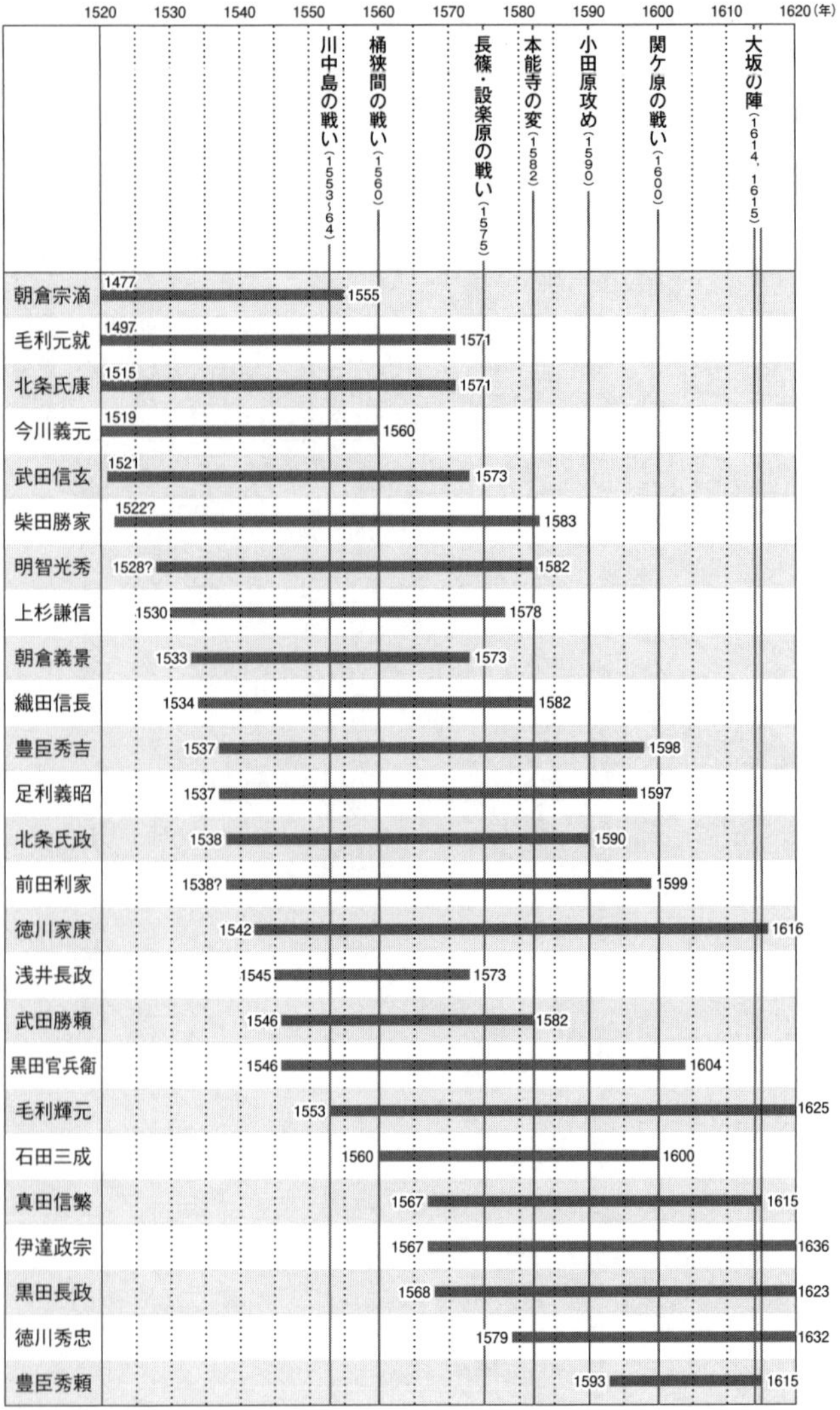

戦国時代の主な合戦地

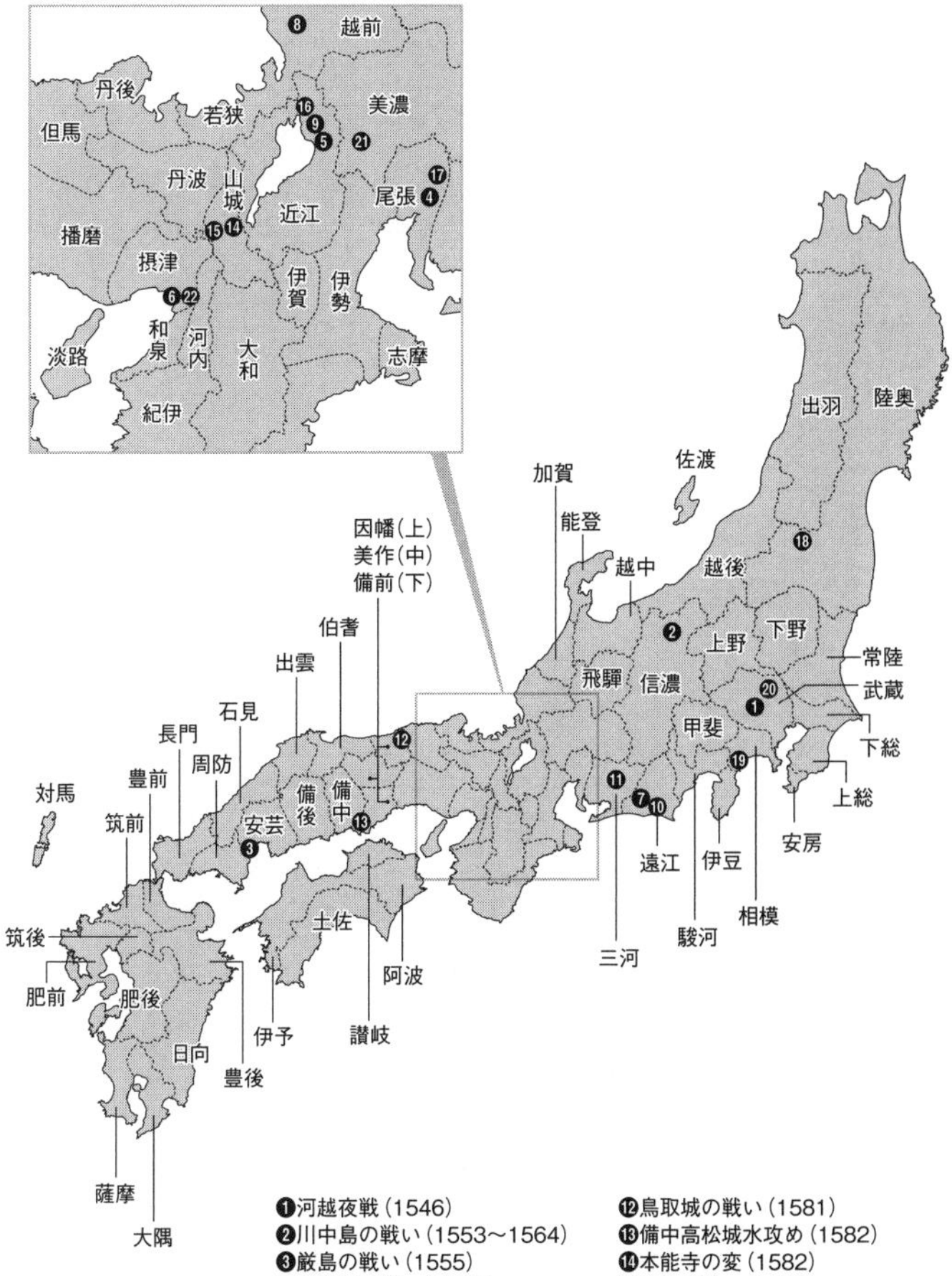

❶河越夜戦（1546）
❷川中島の戦い（1553～1564）
❸厳島の戦い（1555）
❹桶狭間の戦い（1560）
❺姉川の戦い（1570）
❻石山合戦（1570～1580）
❼三方ケ原の戦い（1572）
❽一乗谷の戦い（1573）
❾小谷城の戦い（1573）
❿高天神城の戦い（1574）
⓫長篠・設楽原の戦い（1575）
⓬鳥取城の戦い（1581）
⓭備中高松城水攻め（1582）
⓮本能寺の変（1582）
⓯山崎の戦い（1582）
⓰賤ケ岳の戦い（1583）
⓱小牧・長久手の戦い（1584）
⓲摺上原の戦い（1589）
⓳小田原攻め（1590）
⓴忍城攻防戦（1590）
㉑関ケ原の戦い（1600）
㉒大坂の陣（1614, 1615）

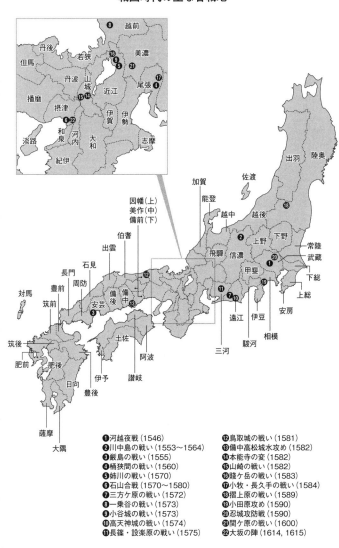

第一部

名将たちの真価――なぜ成功したのか

毛利元就

「知力」と「決断力」で活路を切り拓く

国人領主の分家から、一代で中国地方の覇者に

毛利元就《もうりもとなり》が家督《かとく》を相続した大永《たいえい》三年（一五二三）頃、中国地方には二つの大きな勢力があった。周防《すおう》国（山口県）の守護大名から戦国大名化した大内《おおうち》氏と、出雲《いずも》国（島根県）の守護代から戦国大名化した尼子《あまご》氏である。

両者の間に挟《はさ》まれた安芸《あき》国（広島県）には、守護大名の武田《たけだ》氏（甲斐《かい》の武田氏の分家である）がいたものの、信玄《しんげん》のような有力武将が出なかったので、ほとんどの勢力が鳴かず飛ばずといってよかった。そのため、力の拮抗《きっこう》した国人《こくじん》領主（国衆《くにしゅう》）十五人くらいが割拠《かっきょ》し、いわば「どんぐりの背比べ」状態にあった。

その中の一人、毛利弘元《ひろもと》の次男として、明応《めいおう》六年（一四九七）に元就は生まれた。

永正《えいしょう》八年（一五一一）に元服し、武将としてのスタートを切ったが、元就が預かる城は、毛利家の居城《きょじょう》・吉田《よしだ》郡山《こおりやま》城の支城、多治比猿掛《たじひさるかけ》城という小城である。家督を継いだ兄の興元《おきもと》に仕える、分家の当主にすぎなかった。

しかし元就は、元亀《げんき》二年（一五七一）に七十五歳で没したとき、安芸、周防、長門《ながと》、出雲、石見《いわみ》、因幡《いなば》、備後《びんご》、備中《びっちゅう》などを勢力下に置く大大名になっていた。国人領主の分家から中国地方の覇者に、一代で昇り詰めたのである。

戦国時代でもあまり類例を見ないほどの元就の成功は、永正十三年（一五一六）、兄の興元が二十四歳の若さで亡くなったところから始まる。

このとき、興元の嫡子《ちゃくし》・幸松丸《こうまつまる》はまだ二歳であり、叔父《おじ》の元就は後見役を務めた。

父の弘元が大内政弘《まさひろ》から「弘」の一字をもらい、兄の興元が大内義興《よしおき》の「興」の一字をもらっていることが示すように、当時の毛利氏は大内氏に従属していた。

ところが大永三年、尼子経久《つねひさ》から出陣要請を受けた毛利は、大内方だった安芸の鏡《かがみ》山《やま》城攻めに加わっている。この時期の安芸は尼子の勢力が強く、ほとんどの国人領主が尼子方になっていたから、毛利氏もある意味仕方なく、大内のもとを離れたという側面があった。

形の上では当主の幸松丸が総大将だが、実際は元就が毛利軍を率いて戦功を挙げた。

この直後、元就に大きな転機が訪れた。九歳の幸松丸が急逝《きゅうせい》したため、重臣たちに推《お》されて家督を継ぐことになったのである。

ただし、すんなりと事が運んだわけではなかった。翌年、経久は元就の弟・相合元綱《あいおうもとつな》の擁立《ようりつ》を画策《かくさく》したのだ。これは、鏡山城の戦いで活躍した元就に対し、経久が警戒感をもったためと思われる。

この試みは不発に終わったものの、尼子方に属することに不安を覚えた元就は、大永五年（一五二五）から大内方に転じた。

尼子の家督を継いだ晴久《はるひさ》が、元就の居城《きょじょう》・吉田郡山城を攻めたのは、天文《てんぶん》九年（一五四〇）である。

三万を超える尼子軍に対し、毛利軍は八千を数えるほど。籠城《ろうじょう》戦を選択した元就は、大内義隆《よしたか》（義興の嫡男《ちゃくなん》）に援軍を求めた。

しばらくの膠着《こうちゃく》状態の後、大内の重臣・陶晴賢《すえはるかた》（隆房《たかふさ》）が一万の兵を率いて後詰《ごづめ》に出てきた。そのとき、おそらく尼子方は、大内が援軍に来るということはあまり計算に入れていなかっただろう。吉田郡山城を包囲していた尼子軍は、外側から晴賢の軍勢に攻められ、籠城する毛利軍との間に挟まれる形となり、撤退を余儀《よぎ》なくされた。大内に援軍を送らせるよう根回しをした元就の勝利であろう。

厳島の戦いは、単なる奇襲戦の勝利ではない

吉田郡山城の戦いで尼子を撃破し、勢力を伸張しつつあった大内義隆は、天文十一年（一五四二）から翌年にかけて、尼子晴久の居城・月山富田城《がっさんとだ》を攻めた。

しかし、味方に引き入れた国人領主たちが尼子方に寝返り、大敗した。元就も敗走中に尼子軍に追いつかれ、辛《から》くも窮地《きゆうち》を脱するというありさまだった。これを機に、義隆は戦国大名としての意欲を失っていく。

周防国守護代で重臣筆頭の陶晴賢は、当主の交代を迫ったが、義隆はなかなか譲らない。そこで晴賢は天文二十年（一五五一）、義隆を除いて、義隆の養子・義長《よしなが》（晴英《はるひで》）を擁立し、大内氏の実権を握った。クーデターである。

この後、安芸の国人領主はほとんどが晴賢に従ったが、毛利は大内義隆を倒したクーデターに抵抗感があったのか、家臣に組み込まれるのをためらい、中立的な立場を取っ

た。

それを見て晴賢は、毛利が敵対したと受け止めた。その意識が厳島《いつくしま》の戦いへとつながっていったのである。

力関係で見れば、大内氏の勢力をほとんど引き継いだ晴賢のほうが圧倒的に強い。誰の目にも、毛利が不利であることは明らかであった。実際、厳島の戦いにおいて、晴賢の軍は二万を超す大軍であったのに対し、毛利が動員できたのは三千五百から四千である。

一般的に「兵多きが勝つ」といわれる。この兵力差で戦場にて相《あい》まみえるならば、このセオリーを覆《くつがえ》す手段を講じなければならない。

そこで元就が用いたのが「謀略《ぼうりゃく》」であった。

元就は、陶氏の重臣筆頭である江良房栄《えらふさひで》に狙《ねら》いを定め、寝返り工作を施《ほどこ》した。結果的に寝返りは成立しなかったが、今度は「房栄が毛利に内通している」という噂《うわさ》を流したのである。主従関係を裂く「離間策《りかんさく》」である。

その噂と時を同じくして、房栄が「毛利と和睦《わぼく》したほうがよい」と晴賢に進言したため、晴賢は内通の噂を信じ、弘治《こうじ》元年（一五五五）三月に房栄を殺害した。元就の策は狙いどおりの成果を挙げたのである。

それでもなお、まともにぶつかっては勝てる見込みが少ない。そこで元就が目をつけたのが厳島だった。厳島という狭い土地であれば、大軍が動きづらい。問題は「どうやって厳島に誘い出すか」である。

ここでも元就は謀略を使った。

毛利家の重臣・桂元澄《かつらもとずみ》に命じ、晴賢に内応したふりをさせて、「厳島を攻めれば、私が元就の背後を衝《つ》くつもりだ」という書状を送らせたのである。さらに、晴賢方から寝返ったばかりの己斐豊後守《こいぶんごのかみ》と新里宮内少輔《にいざとくないのしょう》を、厳島の宮尾《みやのお》城に入れて挑発した。

晴賢が厳島に上陸したのは、弘治元年九月二十二日。大軍を率い、宮尾城攻略のために着陣していた晴賢を、十月一日早朝、風雨を突いて上陸した毛利軍が前後から挟撃《きょうげき》した。狭い島内で大軍は混乱、総崩れとなり、晴賢は敗死した。

厳島の戦いは「東の桶狭間《おけはざま》、西の厳島」といわれ、奇襲戦の勝利と見られることが多い。しかし元就は、考えられる手段を総動員し、あらかじめ二重三重に策を仕掛けて勝ちにいったのである。単なる奇襲ではない。

謀略こそ、厳島の戦いにおける最大の勝因といえる。

はかりごとが多ければ勝ち、少なければ敗ける

毛利元就が息子の隆元《たかもと》にあてた手紙に、「ひとえにひとえに武略・計略・調略かたの事までに候《そうろう》」という一節がある。さらに、「はかりごと多きは勝ち、少なきは敗《ま》け候」という言葉がある。

謀略は元就の特徴の一つだ。ただし、それをもって元就を「梟雄《きようゆう》」と呼ぶのは妥当《だとう》ではないだろう。

元就は卑怯《ひきよう》な手段で戦いに勝ったのではない。知略を駆使《くし》し、頭脳的な作戦を徹底して使ったのである。それは、「どんぐりの背比べ」状態であった安芸の国人領主の中で、頭一つ抜け出したときの「養子送り戦略」にもあらわれている。

元就は、次男の元春《もとはる》を吉川《きつかわ》氏、三男の隆景《たかかげ》を小早川《こばやかわ》氏に送り込んで、毛利氏と一体化させた。これによって、それまで「一」でしかなかった毛利氏が、吉川の「一」、小早川の「一」を加えて「三」になった。

さらに、娘の一人を国人領主の宍戸《ししど》隆家《たかいえ》に嫁がせているから、それを「〇・五」とカ

ウントすれば、他の国人領主は「一」のままだが、元就だけが「三・五」の力になったのだ。

安芸の国人領主たちが他家に養子を出した例はいくつもあるが、元就はそれを意識的に戦略として行なった。そうして毛利氏は、「どんぐりの背比べ」から抜け出したのである。

しかも、優位な立場にあれば、「おれが上、お前たちは下」と偉ぶるのがふつうだが、そうはしないところにも元就の知恵がうかがえる。

その一例が、国人領主たちと書いた「傘連判状《からかされんぱんじょう》」だ。

主君と家臣が盟約を交《か》わすとき、通常、主君の名前が初めに書かれ、後ろにいくに従って身分や立場が下になる。

一方、元就が用いた「傘連判状」は、輪の形で署名されるため、誰がトップなのかがわからない。皆対等、というわけだ。

序列をあからさまにしないことによって、下位に置かれた者に「臣従《しんじゅう》させられている」という無用な反発を抱《いだ》かせないよう、工夫をこらしているのである。

さらに元就のすごいのは、常に一族や兄弟の結束を訴えていたところだ。

代表的なのは、三人の息子——毛利隆元、吉川元春、小早川隆景——に送った「三《さん》子《し》教訓状」だろう。

「三人の半《なか》ば、少しにても、懸子《かけご》へだても候《そうら》わば、ただただ三人御滅亡とおぼしめさるべく候」——三人の間柄に少しでも分け隔《へだ》てがあってはならぬ。そんなことがあれば、三人とも滅亡すると思え、と記している。

一族や兄弟の争いで滅びていった大名は多い。元就自身、内紛《ないふん》に乗じて勢力を広げることもあったから、一族の分裂、兄弟の争いにつけこまれて、他の大名から滅ぼされることの危険性をよく承知していたのである。

吉川家を継いだ元春、小早川家を継いだ隆景、双方の「川」をとって「毛利両川《りょうせん》体制」といわれるが、本家と元春、隆景の間で強い結束を維持したことが、毛利氏の発展をもたらした大きな要因だといって間違いない。

現状維持に甘んじない。思い切って勝ちにいく

毛利元就はいくども危機に直面し、それを克服したことで大大名になった。その中で

も最大のものは、大勢力を率いていた陶晴賢に敵対したことだろう。

当時は、多くの武将が「家の安泰《あんたい》」を第一とし、強い者を見ては、それになびくことで生き残りを図《はか》っていた。国人領主としての地位を手にしていた元就も、現状維持を目指し、長いものに巻かれるという選択肢《せんたくし》はあっただろう。

しかし元就は、タイミングを常に見ていた。そしてそれを考えているだけでなく、実行に移した。「今、ここでやるしかない」と覚悟を決め、晴賢と対峙《たいじ》するほうへ舵《かじ》を切った。常識として見れば、絶対に勝ち目はないと思われることをあえてやる決断力のすごさ、勇気があった。

そして、知力を駆使して「勝つための準備」を万端《ばんたん》整え、思い切って勝負に出たのである。

戦うべきときは戦う。この決断力にこそ、元就の強さの真髄《しんずい》がある。現状に流されない勇気と決断力だ。そうでなければ、これほどの大勢力にはならなかっただろう。

いわれたことを唯々諾々《いいだくだく》と実行するのではなく、自分なりの意志をもって動く。現状に流されず、大きな夢をもって生きる。それこそが、危機的状況を打ち破り、道を拓《ひら》くことにつながるのだということを、元就の生き方は教えてくれるのである。

北条氏康

領民と融和した国づくりを目指して

その先に見ていたのは、関東の独立国家だった

桶狭間の戦いを遡《さかのぼ》ること十四年の天文十五年（一五四六）。後の織田信長《おだのぶなが》を彷彿《ほうふつ》とさせるかのように、一人の若き武将が寡兵《かへい》をもって大軍を破り、歴史の表舞台に躍《おど》り出た。

相模《さがみ》の戦国大名、北条氏康《ほうじょううじやす》。

始祖・早雲《そううん》より五代百年にわたり関東に覇を唱《とな》えた北条氏の三代当主である。

このとき、関東管領《かんとうかんれい》・上杉憲政《うえすぎのりまさ》を中心とする八万五千の大軍に河越《かわごえ》城を包囲されたが、氏康は居城・小田原《おだわら》城から僅《わず》か八千の軍勢で援軍に向かい、夜襲をかけてこれを打ち破ったといわれている。世にいう「河越夜戦」である。

この戦いに勝利した氏康は、窮地《きゅうち》から一転、関東戦国史の主役となった。そして関

東平野において、上杉謙信《けんしん》、武田信玄らの強豪を相手に激戦を繰り広げることになる。

ところで、上杉謙信が旧秩序の回復を目指し、武田信玄が上洛《じょうらく》を目指したことはよく知られている。しかし氏康は、この二人とも、また他の戦国武将とも異なる、独自の「志《こころざし》」を持っていた。

戦国時代、武田信玄、織田信長など、上洛を目指した有力武将たちがいた。彼らには京の朝廷、幕府に認められ、天下に号令しようという野望があっただろう。天下を目指さない謙信でも、上洛には大きな意味を見出《みいだ》していた。

しかし、氏康は違った。氏康が目指したのは上洛ではなく、「関東を制覇し、独立国家を築く」ことであった。

それには、関東の精神風土が大きく関係している。かつて平将門《たいらのまさかど》は朝廷から独立した国を関東につくろうとし、また源頼朝《みなもとのよりとも》は鎌倉《かまくら》幕府を開いて、東国に武家による独立政権を樹立した。そうした、中央とは一線を画《かく》す独立的精神が、「関東を制した者こそ武家の棟梁《とうりょう》」という伝統として根付いていた。

その証拠に、氏康が誕生する少し前の古河公方《こがくぼう》・足利成氏《あしかがしげうじ》は、朝廷とは異なる年号を使用している。それは、中央の支配に服さないことを意味した。

「戦国武将は誰もが上洛を目指していた」と思われがちだが、関東においては、必ずしもそうではなかったのである。

氏康が目指したものとは、平将門、源頼朝以来の東国・関東独立国家樹立という、一大壮挙だったのである。

祖父の早雲、父の氏綱から受け継いだもの

氏康が目指した独立国家とはどのようなものだったのだろうか。それを語る上で、欠かせない人物がいる。氏康の祖父・早雲と父・氏綱《うじつな》である。

長享《ちょうきょう》元年（一四八七）、伊勢新九郎《いせしんくろう》と名乗っていた早雲は、姉・北川殿《きたがわ》の嫁《とつ》ぎ先である今川氏の内訌《ないこう》を治め、恩賞《おんしょう》として駿河《するが》の興国寺《こうこくじ》城を与えられた。

一城の主《あるじ》となった早雲は、幕府の出先機関である伊豆《いず》の堀越《ほりごえ》公方を滅ぼし、伊豆を領国化。さらに相模にも進出して、今川氏から独立した大名になる。

この間の早雲の行動は、下剋上《げこくじょう》の典型とされ、また、権謀術数《けんぼうじゅつすう》を用いたことから、「梟雄」とも呼ばれる。しかし、伊豆を領国化したとき、早雲は「梟雄」に似つかわし

くないことをしている。

当時、領民は年貢《ねんぐ》を五、六割とられるのがふつうであったが、早雲は、四割に軽減し、それだけではなく、伊豆で伝染病が流行すると薬を取り寄せて、医療活動を行なったりもした。いわゆる撫民《ぶみん》政策の先駆けといっていい。領民は大いに喜んだという。

早雲が善政を布《し》いた理由として、私は、彼が京都の禅寺《ぜんでら》で修行していたことに注目している。当時の禅寺では、儒学《じゅがく》が盛んだった。儒学は、徳によって国を治めることを重んじている。

一説に素浪人《すろうにん》ともいわれるが、実際には室町《むろまち》幕府の申次衆《もうしつぎしゅう》を務めたこともあり、おそらく京における権力闘争、政治の腐敗《ふはい》を目《ま》の当たりにしたのだろう。中央に嫌気がさした早雲は、関東に独立国を築き、儒学に則《のっと》った理想郷を築こうとしたのではないだろうか。撫民政策はその思いの発露《はつろ》だったのだろう。

また、独立志向を表明するかのように、鎌倉でこんな和歌を詠《よ》んでいる。

枯るる樹にまた花の木を植ゑそへて
もとの都になしてこそみめ

この和歌には、古都鎌倉を復興しようという意志と、関東の主になりたいという願望がこめられているのだろう。

息子の氏綱は、この早雲の志をよく理解していた。そして、姓を伊勢から北条に改める。鎌倉幕府の執権《しっけん》・北条氏を意識したもので、関東の支配を視野に入れたものだった。

また氏綱は、大将の心得を説いた五箇条の書置《かきおき》を氏康に残しているが、その中には、「華麗を好めば領民を苦しめ、倹約を守れば、武士はもとより領民みな豊かに暮らせる」とある。氏綱は早雲に倣《なら》って、領民と融和《ゆうわ》した国づくりを目指し、それを氏康に伝えようとしたのである。氏康の目指した独立国もまた、まさしくそのような「理想郷」だった。

相当高いレベルに達していた氏康の組織づくり

「関東独立国家」を目指す氏康だったが、周囲の情勢はとても厳しいものだった。早雲の時代、関東では関東管領の山内《やまのうち》上杉氏、扇谷《おうぎがやつ》上杉氏、そして古河公方が鼎立《ていりつ》していた。早雲と氏綱は、この三者が争いあう隙《すき》を巧《たく》みに突いて、勢力を伸ばしていった。

ところが氏綱が没すると、状況は一転してしまう。

両上杉氏は反北条で結託《けったく》し、共同で河越城を包囲。さらに、北条氏と婚姻《こんいん》を結んでいた古河公方までもがこの包囲に加わったのである。これが「河越夜戦」の発端《ほったん》である。

氏康は、この戦いに奇跡的勝利を得た。しかし勝ったとはいえ、駿河の今川義元、甲斐の武田信玄、越後《えちご》の上杉謙信など、周囲にはさらなる強敵が待ち構えていた。

この状況下で、「志」を貫くために、氏康は、戦法、組織づくり、撫民政策に力を入れていく。

氏康の戦法については、『北条五代記』に興味深い記述が三つある。

第一に、面白いことに、氏康は京から軍法の達人を招いていたという。氏康は関東武士にはなじみの薄い、上方《かみがた》の軍法を導入していたようなのだ。

第二に、氏康は家臣たちにこう説いている。「用兵術でいい案があれば、たとえ身分が低くとも、遠慮せずに直接氏康まで上申《じょうしん》せよ」。家中《かちゅう》より広くアイデアを募《つの》っていたわけで、かなり変化に富んだ戦い方がとられたのではないだろうか。

そして第三に、軍評定《いくさひょうじょう》のときはいろいろな意見を出させた上で、多数意見に従っていたという。

北条氏の軍評定といえば、「小田原評定」として「いつになっても決まらない会議」の代名詞になってしまっている。しかし、氏康は軍事だけではなく、政策遂行《すいこう》、訴訟《そしょう》採決でも評定を重視していた。本来は、北条氏がいかに民主的に政権を運営していたかの証左《しょうさ》なのである。

さて、徐々に版図《はんと》を拡大した氏康は、領国を統治するための組織づくりにも取り組んでいく。それが「支城ネットワーク」である。

北条氏の親族が有力支城を守り、周辺地域を支配するというもので、地域内の武士・農民は一朝《いっちょう》事あれば支城に集結し、攻撃、守備において迅速《じんそく》な対応を可能にした。そして最終的には、当主である氏康がすべてを統括《とうかつ》した。

このネットワークづくりの過程で、氏康は「養子送り込み」という戦略を用いている。上杉憲政の重臣、大石《おおいし》氏と藤田《ふじた》氏を傘下《さんか》にする際、徹底的に戦うことをせず、大石氏には三男・氏照《うじてる》を、藤田氏には四男・氏邦《うじくに》を養子に送り込んで、重要拠点を平和的に併合《へいごう》しているのである。また、親族が重要拠点に入ることによって、強い結束力が生み出されていった。

さらに検地《けんち》を推進し、永禄《えいろく》二年（一五五九）には、「北条氏所領役帳《やくちょう》」が作成された。

これは、家臣たちに軍役《ぐんやく》などを課するための基本台帳で、戦時に動員できる兵力を把握《はあく》することができた。氏康の組織づくりは、当時において相当高いレベルにまで達していたのである。

徳川家康に継承された氏康の「志」

こうして戦うための組織づくりをした氏康だが、その「志」が最もよく表われているのは、やはり撫民政策である。

中でも注目したいのは天文十九年(一五五〇)に行なわれた税制改革だ。従来、北条領では、税が種々雑多にあった。それを氏康は段銭《たんせん》・懸銭《かけせん》・棟別銭《むねべちせん》という三つだけに整理統合し、領民の負担を軽減したのである。これは戦乱によってもたらされた領民の疲弊《ひへい》を改善するためのものであった。領国内で飢饉《ききん》が発生すると、徳政令《とくせいれい》を出して領民の救済を図るようなこともしている。

「目安箱」の設置にも、氏康の目指すところがよく表われている。これは、「役人・代官が不正を働いたら、領民は直接北条氏に訴え出よ」というもので、役人の不正・中間搾取《さくしゅ》を取り除くためのものだった。この時代、領民は権力の前に泣き寝入りを強《し》いられることも多かっただろう。しかし、氏康はそうではなく、むしろ領民の思いを汲《く》み取ろうとしていたのである。

これらの組織づくりや撫民政策は、家臣、領民にも受け入れられた。本来、北条氏は新興勢力であり、家中には、嫌々臣従した者もいたであろう。しかし、それもやがて「北条氏についていれば安心だ」という信頼感に変わっていったのではなかろうか。

永禄四年（一五六一）、上杉謙信は北条氏を討滅するため、十万の大軍勢で小田原城を包囲した。しかし、城内に領民をも囲い入れた小田原城はびくともせず、氏康はこれを退《しりぞ》けた。同様に永禄十二年（一五六九）、武田信玄が小田原城に押し寄せたが、これも巧みな防衛戦略で撃退した。

戦国最強と謳《うた》われた二人の攻撃を籠城でしのいだことは、家臣、領民の氏康に対する信頼の厚さを物語っているのではないだろうか。

氏康は、強敵に伍《ご》して領土を拡大し続け、伊豆・相模・武蔵《むさし》の三ケ国を中心に、上野《こうずけ》、下野《しもつけ》、下総《しもうさ》、上総《かずさ》にまで勢力を伸ばし、北条氏を関東随一の大名にまで押し上げた。しかし、元亀二年（一五七一）、志半ばでこの世を去った。享年《きょうねん》五十七。

その跡を継いだ四代・氏政《うじまさ》、五代・氏直《うじなお》は、さらに版図を広げ、悲願の関東制覇はなるかと思われた。しかし天正《てんしょう》十八年（一五九〇）、豊臣秀吉《とよとみひでよし》の手により、北条氏は滅亡してしまう。

だが、氏康の志は潰《つい》えたわけではなかった。それを継承した人物がいる。徳川家康《とくがわいえやす》である。北条氏滅亡後、秀吉は家康を旧北条領に転封《てんぽう》した。おそらく、「抵抗した北条の地なら、支配に失敗するだろう」と踏んだのだろう。

だが家康は、撫民政策など氏康の政策をよく踏襲《とうしゅう》し、見事に統治した。そして幕府を開くと、幕藩《ばくはん》体制の中で、その政策を全国に広げていったのである。氏康の「志」は徳川二百六十年の基礎になるほど、優《すぐ》れたものだったのだ。

氏康を思うとき、政治とは何かを考えずにはいられない。政治とは時に、自《みずか》らの栄達《えいたつ》を求めるための道具に変わりやすい。しかし氏康は、民を大事にする政治を心がけた。政治とは本来そういうものだろう。領民と融和した理想郷を目指す氏康の「志」は、政治の真の意味を教えてくれるのではないだろうか。

武田信玄

「柔軟性」「即応力」、そして「謙虚さ」を

「戦国最強」たりえた要因とは……

武田信玄は、「戦国最強」と称されることが多い。

何をもって最強とするかは難しいが、信玄が織田信長や徳川家康に恐れられていたのは確かだ。

さらにいえば、数え方にもよるが、信玄の戦歴は、好敵手だった上杉謙信に匹敵《ひってき》するほど勝ち戦《いくさ》が多く、勝率を見れば、信長や家康よりもはるかに上である。

そうした実績から、後世、「戦国最強」といわれるようになったのだろう。

信玄が戦に強かった要因として、第一に挙げたいのは領国経営だ。

「富国強兵」は明治時代のキーワードとして知られるが、これは戦国時代にもあてはま

る。国を豊かにして強い兵を養うことは、戦国大名が勢力を拡大する上で、基本中の基本といっていい。

父の武田信虎《のぶとら》を駿河に追放して武田氏の当主となった直後から、信玄は「信玄堤《づつみ》」として知られる堤防を築いている。この洪水の被害を抑える施策に代表される民政が、国富の増強をもたらしたのである。

それから、甲斐は山国で米の生産力が高くない半面、恵まれた資源が一つあった。それは金鉱である。信玄は積極的に金山開発を進め、金を軍資金として活用した。

戦に出るとき、信玄は碁石金《ごいしきん》を持参し、手柄を立てた家臣がいると呼び出し、金の粒を与えたという。

多い者は「三掬《みすく》いの金」をもらったそうだから、今のお金にすれば、即金で何百万円もの報奨金を出したことになる。その場ですぐに褒美《ほうび》を与える信玄の「即応力」は、兵を鼓舞《こぶ》したに違いない。

もう一つ、注目したいのは、「甲州法度之次第《こうしゅうはっとのしだい》」という分国法《ぶんこくほう》を、つくり直していることだ。

たとえば、法度を最初に定めたときには僧侶《そうりょ》の結婚を禁じていた。しかし現実には、妻を娶《めと》った僧侶が大勢いた。「これは時代にそぐわない」と見た信玄は、法度をつくり直す際、妻を娶った者には、「妻帯役《さいたいやく》」といって税を課すようにした。

分国法をつくり直すことは、極めて珍しい。「今川仮名目録《かなもくろく》」のように今川氏親《うじちか》が制定したものを、子の義元が部分的に変えたことはあっても、法度を定めた本人が後で変えるケースはほとんどない。

ところが、信玄は一度決めても「不適切だ」と思ったら柔軟に直した。これは分国法に限った話ではなく、情勢を見て機敏に対応するところは、同時代の他の武将より優れているように感じる。

いってみれば、「軌道修正ができる」ということだが、先ほどの褒美の話とあわせると、信玄の強みは「何事にも対応できる柔軟性と即応力」にあったといえるのではないだろうか。

戦に勝ったときには家臣を褒め、自分の手柄にしない

武田信玄の魅力は、織田信長と徳川家康を通して見ると、より鮮明に浮かび上がって

くる。

信長は武田勝頼《かつより》を滅ぼした際、「我らも頑張ったかいがありました」と喜ぶ明智光秀《あけちみつひで》に向かって、「お前が何をやった」と否定するようなことをいった。

それに対して信玄は、戦に勝ったときには、「お前たちの働きがあったからだ」と家臣を褒《ほ》め、自分の手柄にはしなかった。こうした部下のやる気を引き出す信玄の人心掌握術《じんしんしょうあくじゅつ》は、家中に強い結束力をもたらした。

その武田家臣団に対して、信長が恐れを抱いていたのは間違いない。『甲陽軍鑑《こうようぐんかん》』には、信長が信玄に対して下手《したて》に出て、色々な贈り物をしていたことが記されているが、両者は一時期、同盟関係にあった。

だが、信長にとって信玄は、他の同盟者とは位置づけが異なる。家康は東の〝防波堤〟、浅井長政《あざいながまさ》は西に進むための〝支援者〟だが、信玄は〝戦いを避けたい相手〟だった。

結局、信長自身が信玄と直接対決することはなかったが、その代わりというべきか、同盟者の家康が三方ケ原《みかたがはら》の戦いで完膚《かんぷ》なきまでに叩《たた》かれている。

当時の家康は、信玄に歯が立たないとわかっていたはずだ。それでも信長との同盟を維持するために、恐ろしい敵でも戦わざるを得なかった。

とはいえ、家康にとって、信玄に敗《やぶ》れたことは必ずしもマイナスではなかった。信玄にこっぴどく負けたことが、かえって家康のその後にプラスとなったのだ。

家康にとって最大の収穫は、手痛い敗戦をくらわされたことで、その後、信玄を「お手本」としたことだろう。

家康が信玄の信奉者《しんぽうしゃ》だったことは確かで、積極的に「信玄の優れたところ」を取り込んだように思われる。

その代表的な例は、天正十年（一五八二）の武田氏滅亡後、遺臣を積極的に採用して、八百人も家臣団に組み入れたことである。

その一割近くは、信頼する井伊直政《いいなおまさ》につけたが、ここから「井伊の赤備《あかぞな》え」が生まれ、井伊の家臣団は徳川軍団の中でも精強を誇るようになる。

また、武田の遺臣の中には大久保長安《おおくぼながやす》のような、信玄の領国経営を支えた頭脳集団、今でいうテクノクラートもいて、彼らが徳川の領国経営を発展させることになった。

「信玄の遺産」が家康の「富国強兵」に貢献し、天下取りへの力となったといっても過言ではあるまい。

一生涯、学ぶ姿勢を失わない

上杉謙信は天才型、武田信玄は秀才型と対比して語られることがあるが、私は信玄を「学才型」と評している。それは、生涯を通じて学び続けているからだ。

信玄の一生を追いかけると、子どもの頃、臨済宗《りんざいしゅう》の長禅寺《ちょうぜんじ》にいた岐秀元伯《ぎしゅうげんぱく》に学んだことが、「学」の土台になっている。

長じてからも岐秀元伯から学ぶ機会を設け、中国の仏教書である『碧巌録《へきがんろく》』の講義も受けている。おそらく、中国の政治家の事績にまつわる教えも受けたことだろう。そうして学び続けたからこそ、信玄の政策が本筋から外れるようなことがなかったのではないだろうか。

若い頃には、漢詩づくりに夢中になって領国経営がおろそかになり、家老の一人である板垣信方《いたがきのぶかた》に諌《いさ》められたこともあったが、一生涯、学ぶ姿勢を失わなかったことが、信玄の際立《きわだ》つ特徴である。

また信玄は、「失敗に学ぶのが上手」といわれるように、学問にとどまらず、諸事万端に学ぶ姿勢を常にもっていた。学ぶことが性《しよう》に合っていたのだろう。

こうした信玄の学ぶ姿勢は、家臣の意見を聞こうとする態度にもつながっている。有名なエピソードがある。

永禄十一年（一五六八）、信玄は駿河の今川氏真《うじざね》を攻めたが、このとき、駿府《すんぷ》の今川館《やかた》に火をかけるなと命令した。今川氏の財宝を失うのを、惜《お》しんだと思われる。

だが、真っ先に今川館に取りついた重臣・馬場信春《ばばのぶはる》は、館に火をつけて焼き払った。戦の後、信玄が叱《しか》ると、馬場いわく、「殿、今川館を焼かずに今川の財宝を手に入れたとあらば、財宝欲しさに今川を滅ぼしたと、後世にそしりを受けます」。

これに二の句が継げなかった信玄は、馬場の命令違反を許している。研究者の立場からすると、今川氏の文物が焼けてしまったのは残念なことだが、信玄が家臣の意見に耳を傾ける姿勢を示していたからこそ、馬場も自分が正しいと思うことができたのだろう。

そういう人材を育て、重用《ちようよう》したところも信玄の大きな魅力であり、それは己《おのれ》を過信せず、謙虚さをもち続けたことの証左であろう。

信玄の生き方から現代人が学ぶべきことは、「柔軟性と即応力」と、「謙虚《けんきよ》さをもち続けること」だと思う。それはいつの時代にも必要とされる「リーダーの必須条件」ではないだろうか。

なお、父の信虎を追放し、子の義信《よしのぶ》を自害《じがい》に追い込んだことで、しばしば信玄の非情な面が指摘されるが、それは戦国の世では仕方のないことでもある。一方で、娘の安産を祈願《きがん》する文書も残っており、世間並の人情味はあった人だと弁護しておきたい。

豊臣秀吉

気働きに「危機管理能力」と「経営的手腕」が加わり……

あらかじめあらゆる事態を想定しておく

織田信長の親衛隊は二つのグループからなっていて、一つのグループである赤母衣《あかほろ》衆《しゅう》の筆頭が前田利家《まえだとしいえ》、もう一つの黒母衣衆《くろほろしゅう》の筆頭が佐々成政《さっさなりまさ》であり、親衛隊とは異なる一部隊指揮官となっていた羽柴《はしば》（豊臣）秀吉とは、ある段階までは大きな差はなかった。

しかし、やがて秀吉と、利家・成政の二人との間には出世争いで大きな差がついていくことになる。秀吉のもちまえの〝気働き〟を、主君・織田信長が高く評価したことがその主な要因であるが、信長の死の前後からは、別な要因がさらに加わった。突出した危機管理能力と経営的手腕である。

天正十年（一五八二）六月二日の未明に起きた本能寺《ほんのうじ》の変を秀吉が知ったのは、翌三日の夕方だった。

一説には、明智光秀が、備中高松《たかまつ》城の後詰にきていた小早川隆景に宛《あ》てた密書が、間違って秀吉陣営に届けられてしまったといわれているが、話がうまくできすぎていて信用できない。やはり秀吉が、上方で何か異変が起こった場合のことを想定し、あらかじめ街道の検問を厳しくしていたためにチェックすることができたのであろう。

もっとも、このような書き方をすると、「秀吉は、あらかじめ本能寺の変があることを察知していたのか」、あるいは「本能寺の変に秀吉が一枚嚙《か》んでいたのではないか」といわれそうであるが、察知したり、一枚嚙んでいたわけではなく、あらゆる事態を想定した対処の一つであった。

越中魚津《えっちゅううおづ》城を攻めていた柴田勝家《しばたかついえ》・前田利家・佐々成政のもとに信長の死が伝えられたのは、六月四日のことといわれている。備中高松城を攻めていた秀吉との差はたった一日である。しかし、勝家・利家・成政らが動けず、秀吉がいわゆる「中国大返《おおがえ》し」を敢行《かんこう》できたのは、危機管理能力の差というしかない。

突出していた秀吉の危機管理能力として、はっきり指摘できる点は、秀吉が備中高松城攻めにあたって二面作戦をとっていた点である。

備中高松城を水攻めにして落城に追いこもうとするとともに、毛利方の使僧・安国寺《あんこくじ》恵瓊《えけい》を使って講和交渉も始めていた。この点が、勝家らとは決定的に違っていたのである。

何か起きた場合、選択肢はいくつもあった方がいい。そうした選択肢を準備しておくことは、危機管理能力そのものである。

このときは、実際に本能寺の変で信長が死ぬという全く予想外の事態になってしまったわけで、秀吉が、城攻めを続けるとともに講和交渉も始めていたおかげで、信長の死を隠し、講和交渉をまとめ、兵を戻すことができたわけである。

さまざまな職種を体験したからこそ

秀吉が、利家・成政という二人のライバルを制したもう一つの大きな要因は、秀吉の経済力が二人をはるかに凌駕《りようが》していたことである。

秀吉は、天正元年（一五七三）、小谷《おだに》城攻めの功によって、その遺領である北近江《きたおうみ》三郡（伊香《いか》・東浅井《ひがしあざい》・坂田《さかた》）を与えられた。石高《こくだか》にすると十二万石である。それに対し、利家と成政は、天正三年（一五七五）、越前一向一揆《えちぜんいっこういっき》討伐《とうばつ》後の論功行賞《ろんこうこうしょう》で、それぞれ三万三千三百石ずつなので、ここで秀吉とは大きな差がついてしまったわけであるが、秀吉はさらにその差を大きくしているのである。それは、秀吉の経営的手腕によるところが大きい。

もちろんそこには、近江と越前という、与えられた所領の違いもあり、運の善し悪しも関係したことはいうまでもない。近江は経済の先進地だったからである。

周知のように、近江は近江商人の発祥地であり、商業的な土壌というか、商人的な感覚が発達した土地として知られている。秀吉晩年の「五奉行《ごぶぎょう》」のうち、石田三成《いしだみつなり》・長束正家《つかまさいえ》の二人は近江の出身であり、増田長盛《ましたながもり》も出身は近江らしい。近江出身の家臣が秀吉の経済力の基礎になったことは、間違いないところである。

特に、検地奉行や、堺《さかい》奉行などで実績を重ねていった石田三成のような、財政基盤づくりが得意な家臣を秀吉が抜擢《ばってき》し、そうした部署につけていった意味は大きいと思われる。残念ながら、前田利家・佐々成政には、三成のような算盤勘定《そろばんかんじょう》がうまい家臣がいない。

利家自身は算盤がうまかったとしても、家臣に三成のような人材がいなければどうしようもない。これは、一貫して槍働《やりばたら》き一筋だった利家・成政と、あらゆる職種を体験してきた秀吉との違いといってよいかもしれない。

さて、秀吉と、利家・成政の差をさらに広げることになったのが、鉱山収入と貿易収入である。

もっとも、これは、天下の権を握った者とそうでない者との差ということになるので、ある意味ではしかたのないことではあるが、見ておきたい。

秀吉が天正十三年（一五八五）に関白《かんぱく》になった頃から、直轄《ちょっかつ》領にした全国の金山および銀山からの産金・産銀が最盛期を迎えているのである。しかも、それまでは、産金・産銀があっても、金山・銀山をもっている大名の収入になっており、天下人《てんかびと》の懐《ふところ》には入らないしくみだったが、秀吉は一種の冥加金《みようがきん》制度を取り入れ、産金・産銀の何パーセントかを上納《じようのう》させた。つまり、秀吉自身、手を使わず汚さず、金銀を集めることができたのである。

また、南蛮《なんばん》貿易の収入も相当な額にのぼったといわれている。大坂《おおさか》城の金蔵《かねぐら》の二階の梁《はり》が金銀の重さで折れそうになったといわれており、利家・成政とはくらべものになららない蓄財《ちくざい》があったことがうかがわれる。

その蓄財については、秀吉本人の経営的手腕はもちろんのこと、弟・秀長《ひでなが》の存在も大きかったといわれている。残念ながら、利家・成政には、秀吉を支え続けた秀長にあたるような人物がいなかったことも、ここで指摘しておかなければならない。

前田利家

一介の武辺者は、困難から多くを吸収した

長所を磨いて頭角を現わす

前田利昌《としまさ》の四男として利家が生まれた天文七年（一五三八〈天文六年説もあり〉）は、織田信長の父・信秀《のぶひで》が尾張《おわり》統一を目指して勢力を伸ばしていた頃である。

利家の父・利昌は、尾張国愛知郡の荒子《あらこ》城主であった。ただし、城主とはいうものの、荒子村（現・名古屋市中川区）の土豪《どごう》で、いわゆる地侍《じざむらい》だ。

利家は四男だから前田家を継ぐ立場ではなく、本来ならば頭角を現わすことは難しかった。そのような状況の中、利家は十四歳で信長に小姓《こしょう》として仕え、十五歳で初陣《ういじん》を飾った。

若き日の利家は、「槍の又左衛門《またざえもん》」の異名《いみょう》をとる勇猛《ゆうもう》な武将で、派手で奇抜な身なり

を好む「傾奇者《かぶきもの》」であった。これは、同じく傾奇者だった主君・信長への憧《あこが》れもあっただろうし、小領主の四男である自分には世に出る機会はないとの、鬱屈《うっくつ》した思いもあったに違いない。

ただ利家には、六尺《ろくしゃく》(約百八十二センチ)という恵まれた体格と、他大名より長いとされる、織田家の槍を存分に振り回す膂力《りょりょく》があった。利家はこの長所を磨き、初陣である萱津《かやづ》の戦い、稲生《いのう》の戦い、浮野《うきの》の戦いと武功を重ね、信長の信頼を得ていった。

自身の力を発揮し、順調に武将としての歩みを進めていた利家だが、永禄二年(一五五九)、同朋衆《どうぼうしゅう》の拾阿弥《じゅうあみ》を斬殺《ざんさつ》してしまったことで、苦境に立たされる。「笄斬《こうがいぎ》り」といわれるこの事件は、拾阿弥が利家の佩刀《はいとう》の笄を盗んだことが発端であった。この頃の利家は、信長のお気に入りとして、少し増長していた部分があったのかもしれない。

また、信長が永禄年間に赤母衣衆、黒母衣衆を選定した際には、赤母衣衆筆頭に利家が、黒母衣衆筆頭に佐々成政が位置付けられていた。そんなライバルともいえる成政が拾阿弥を庇《かば》っていたことから、「笄斬り」には成政への対抗意識もあったと考えられる。

信長は身の回りの世話係だった拾阿弥の殺害に激怒するが、柴田勝家らのとりなしもあり、利家は死罪を免《まぬか》れた。勝家らが利家の擁護《ようご》に回ったのは、利家の武勇だけではなく、気骨ある武将としての将来性を見込んでのことであったろう。

ただし、出仕停止処分をいい渡された利家は、織田家を離れて浪人同然の暮らしをすることになる。

無断で信長の合戦に参加

出仕停止処分となった利家は、信長の怒りを解くべく奮闘した。永禄三年（一五六〇）には桶狭間の戦いに私的に参戦し、三つの首級を挙げたが、信長の赦《ゆる》しは得られない。

その翌年、美濃《みの》の斎藤龍興《さいとうたつおき》との森部《もりべ》の戦いで、「首取り足立《あだち》」といわれた敵将・足立六兵衛《ろくべえ》を討ち取るという大殊勲《だいしゆくん》を挙げ、ようやく帰参を果たすことができた。

利家ほどの武将であれば、他家へ仕える道もあったはずだ。しかし利家は、「信長様だけがわが主君」と考え、粘り強く努力した。また信長も、無断で合戦に参加する利家を黙認していることから、主従の信頼関係は暗黙のうちにつながっていたと想像できる。

永禄十二年（一五六九）、信長は、利家の兄・利久《としひさ》が継いでいた前田家の家督を、利家に譲るよう命じた。この命令については、一説に利久が病弱で実子がなく、養子を迎えていたからだともいわれるが、門閥《もんばつ》や伝統より、能力本位で大胆に人材を取り立てる信長らしい差配《さはい》といえるだろう。

利家が家督を継ぐことに対しては、のちに利家の重臣となる奥村永福《おくむらながとみ》が荒子城引き渡しを拒否するなど、前田家中でも様々な軋轢《あつれき》があった。しかしそれを乗り越え、利家は旧領と合わせて荒子城主二千四百五十貫文《かんもん》を知行《ちぎょう》することとなる。

柴田勝家と羽柴秀吉の狭間で

天正三年（一五七五）、越前一向一揆を治めた信長は、越前の国割《くにわり》を行ない、柴田勝家に越前の八郡を与えた。その際、前田利家・佐々成政・不破光治《ふわみつはる》の三人には、二郡を分け与えるとともに、越前の府中《ふちゅう》に置き、勝家の目付《めつけ》、つまりは監視役とした。

加賀《かが》一向一揆、越後の上杉氏との戦いが続いていた北陸において、利家はいわゆる「越前方面軍」の一角を担《にな》い、勝家指揮下の与力《よりき》として活躍する。

ところが天正十年（一五八二）六月、驚くべき知らせが利家のもとに飛び込んできた。

信長が本能寺で明智光秀に殺害されたのだ。

本能寺の変の報《しら》せを聞き、柴田勝家が弔《とむら》い合戦の準備を整えた頃には、すでに羽柴秀吉が山崎《やまざき》の戦いで明智光秀の首を挙げていた。山崎の戦いでの勝利は、秀吉にとって大きな手柄となった。

織田家重臣による清洲《きよす》会議をリードしたのは秀吉で、織田家の家督は、秀吉が推した信長の孫・三法師《さんぼうし》（秀信《ひでのぶ》）に決まる。この決定に不満を持った勝家は、自身が支持していた信長の三男・信孝《のぶたか》らとともに秀吉と対立。やがて天正十一年（一五八三）四月、賤《しず》ケ岳《がたけ》の戦いへと発展していった。

「犇斬り」のときに信長に助命嘆願《たんがん》してくれ、北陸戦線をともに戦い、「おやじ様」と呼んで慕《した》う柴田勝家。妻同士も仲が良く、利家の子を養女にするなど、友情で結ばれている羽柴秀吉――。

秀吉とも勝家とも親交の深い利家は、この対立に難しい決断を迫られた。

長年、勝家の与力として戦ってきた利家は、賤ケ岳の戦いでも柴田軍の一員として出陣。ところが、戦いの途中でもち場を離れ、戦場から撤退したのである。これを「裏切り」という人がいるが、利家は勝家の与力であって家臣ではない。戦国武将として的確に判断し、自身も生き残るべく勝ち目のあるほうに乗ったと見るべきであろう。

じつは賤ケ岳の戦いの半年ほど前の天正十年十一月に、利家は勝家の和平交渉の使者として秀吉と面会しており、このときに秀吉との間で何らかの話があった可能性がある。

家康に対抗できる男に

秀吉に与《くみ》した利家は、勝家の居城・北庄《きたのしょう》城を先鋒《せんぽう》として攻め、秀吉の勝利に貢献した。その論功行賞として、利家は秀吉からそれまでの能登《のと》の旧領を安堵《あんど》されるとともに、新たに加賀二郡を与えられた。古くからの友情もさりながら、利家が戦いの大事な場面で自分に味方してくれたことを、秀吉は恩に着たのだろう。

賤ケ岳の戦い以降も、多くの戦いで秀吉を支えた利家に対し、秀吉の信頼は増していった。

文禄《ぶんろく》四年（一五九五）、秀吉の甥《おい》で関白であった豊臣秀次《ひでつぐ》が謀反《むほん》の罪で切腹させられると、利家は秀吉から、後継者となった秀頼《ひでより》の傅役《もりやく》を命じられた。

慶長《けいちょう》三年（一五九八）、五大老・五奉行の制度が定められ、利家は徳川家康とともにその筆頭格となった。秀吉が秀頼の行く末を案じながら没したのは、同年八月十八日のことだった。

慶長四年（一五九九）元旦、秀頼が伏見城《ふしみ》で諸大名から年賀の礼を受けるとき、利家は秀頼を抱いて着座した。そして十日後には、秀吉の遺言《ゆいごん》に従って秀頼と大坂城に移り、秀頼の傅役として、大坂城の主のようになった利家だが、その身体は病《やまい》のために衰弱していた。それでも秀吉の死後、家康が遺言破りをするようになった際も、利家が中心となって四大老・五奉行をまとめ、家康を抑えていたのだが、同年閏《うるう》三月三日、利家はその生涯を閉じた。

苦しい経験を糧にして

若き日には「傾奇者」といわれ、槍働きで戦場を駆け回り、そして晩年に豊臣政権の重臣となると、自身の役割をしっかり果たそうとした利家。

利家が成功を収められた理由の一つとして、彼の能力を見抜いて重用した信長や、死罪となりかけた際に助けてくれた柴田勝家、家族のように深い関係にあった豊臣秀吉など、利家を理解し助けてくれる人物に恵まれていたことが挙げられるだろう。それらは、利家の人間性に対する信頼からくるものでもあった。

晩年の利家は、周囲から篤《あつ》く信頼されていた。それは、「笄斬り」での浪人生活により、弱者への目線を持ち合わせたことや、勝家と秀吉との板挟みなどの苦しい経験を糧《かて》に、人間としての深みを増していたことにもよるのではないだろうか。

辛い状況に立たされた中でも、素直にその事柄に向き合い、困難から多くのことを吸収し、強みに変えていったのだ。

また、利家が成功できたのには、妻・まつの存在も大きかった。

天正十二年（一五八四）、越中の佐々成政と戦う際、利家は思ったように兵が集まらず焦《あせ》っていた。するとまつは、金蔵から革袋に入った金をもち出し、利家の前でぶちまけていった。

「お金ばかり貯めていないで、ふだんから兵を養いなさいといったでしょう。このお金に槍を持たせて戦に連れて行きなさい」

この逸話《いつわ》一つからも、利家に妻の意見を取り入れる度量があったことがうかがえるだろう。

黒田官兵衛

スケールの大きな「視野」と「智略」の軍師

人間の心を知悉し、最適な一手を先んじて打つ

「信長公の死はご愁傷様《しゅうしょうさま》ですが、今こそ、あなたが天下を取られるべきときです」

天正十年（一五八二）六月に起きた本能寺の変の直後、中国方面軍司令官の羽柴秀吉に、軍師である黒田官兵衛《くろだかんべえ》（孝高《よしたか》、如水《じょすい》）が囁《ささや》いたとされる言葉である。敬慕《けいぼ》する主君の横死《おうし》を知って茫然自失《ぼうぜんじしつ》の態《てい》となり、ただ泣き崩れるだけだった秀吉は、官兵衛のこの一言で我に返った。

このとき、秀吉は備中高松城を水攻めにして毛利軍と対峙《たいじ》する真《ま》っ只中《ただなか》にあったが、官兵衛は「次の一手」を打つ行動に出るよう促《うなが》した。官兵衛の一言によって立ち直った秀吉は、直《ただ》ちに毛利方と和議をまとめる。そして、中国大返しを敢行《かんこう》して敵討《かたきう》ちを成《な》

し遂《と》げ、織田家中の主導権を握ることに成功したのである。

官兵衛が軍師として優れていた点の一つに、的確な戦略を練《ね》るだけでなく、人間というものの習性や心の動きを知悉《ちしつ》し、常に最も適切な一手を相手に先んじて打つことができるところがあった。

そんな官兵衛だからこそ、本能寺の変の際も、信長の死で悲嘆《ひたん》に暮れる秀吉に対して、たった一言ながらも最善最適の言葉を投げかけ、窮地を脱するどころか「天下統一」への第一歩を踏み出させることができたのだ。

戦国の世に、主君の軍師役を務めたと後世いわれる武将は数多《あまた》存在する。しかし、天下統一の戦いに挑《いど》み、大きな功績を遺《のこ》した軍師としては、黒田官兵衛の右に出る者はいないだろう。

「勝つかどうか」ではなく、「いかに勝つか」

官兵衛が他の軍師と大きく異なるところは、秀吉の天下統一という一大プロジェクトに参画《さんかく》し、その実現をリードした点にある。

地方の一大名に仕える軍師であれば、その時々に直面する戦いを勝利に導けば、役目を果たしたことになるのであろうが、天下統一を目指す秀吉の軍師ともなると、それでは足りない。眼の前の戦いに勝った後の展開を読み、極力兵の損耗《そんもう》を抑えつつ勝利に導き、次の戦いに備えることこそが肝要《かんよう》である。つまり「勝つかどうか」の次元ではなく、「いかに勝つか」が問われるのだ。

そこで官兵衛が重んじたのが、兵法書の『孫子《そんし》』謀攻篇《ぼうこうへん》にいう「戦わずして人の兵を屈するは、善の善なるものなり」であった。すなわち交渉や調略《ちょうりゃく》によって、できるだけ犠牲を出さずに敵を降《くだ》す。そして眼前《がんぜん》の戦いに対処しつつ、常にそれを天下統一の過程の中で俯瞰《ふかん》して捉《とら》える、スケールの大きな視野と智略をもって臨《のぞ》んでいた。

官兵衛がいなければ、秀吉の天下統一はより時間を要していたであろう。

では官兵衛を、そうしたスケールの大きな軍師にしたものは何であったのか。

まずは人格形成において、父祖から受けた影響がある。黒田家の家伝によれば、秘伝の目薬の製造などで財を築いた官兵衛の祖父・重隆《しげたか》は、播磨《はりま》の小大名で御着《ごちゃく》城主の小寺《こでら》氏に迎えられ、官兵衛の父・職隆《もとたか》が家老に抜擢された。祖父、父ともに有能で信義を重んじる誠実な人柄でもあり、多くの人に慕われた。

そもそも交渉や調略は、どんなに弁舌《べんぜつ》が優れた者でも、根本に相手との信頼関係がなければ成立するものではない。姫路《ひめじ》城で生まれた官兵衛は、幼い頃から祖父や父の薫陶《くんとう》により、信義を重んじる黒田家の家風を受け継いでいたはずだ。それがまず、軍師として重要な素地を養ったのだろう。

その後、官兵衛は小寺政職《まさもと》に近習《きんじゅ》として仕え、二十二歳で父に家督《かとく》を譲られ、若き家老として将来を嘱望《しょくぼう》された。おそらくそれまでに、「武経七書《ぶけいしちしょ》」と呼ばれる『孫子』などの兵法書を学び、修得していたはずだ。

天正三年（一五七五）六月、小寺家と三十歳の官兵衛に一大転機が訪れる。東から織田信長が勢力を伸張し、播磨の諸豪族は西の毛利家の勢力との間に挟まれる形となった。織田と毛利、いずれにつくか。小寺家は決断を迫られた。

毛利家は元就の時代に中国地方を席捲《せっけん》し、十ケ国を版図に収めた大勢力で、それをよく知る家中の者は皆、毛利を支持した。ところが官兵衛は一人、織田と結ぶことが得策と主張したのである。

『黒田家譜《かふ》』によると、官兵衛は信長が強敵を次々に破り、旭日昇天《きょくじつしょうてん》の勢いであることを弁舌爽《さわ》やかに説いた。特筆すべきは、僅か一ケ月前に起きた長篠《ながしの》・設楽原《したらがはら》の戦いで、信長が武田勝頼を破った事実をすでに官兵衛がつかんでいた点である。

その情報源は何か。私は姫路の廣峯《ひろみね》神社ではなかったかと考えている。官兵衛の祖父・重隆は廣峯神社と親密で、一説に、製造した目薬を、神社の御師《おし》に御札《おふだ》とともに配ってもらったという。

廣峯神社は、ここから京都の八坂《やさか》神社が勧請《かんじょう》されたともいわれる由緒《ゆいしょ》ある神社で、御師たちは各地に御札を配って歩いていた。彼らが方々で得た最新情報を、官兵衛は入手していたのではないだろうか。そしてそれらの情報から、官兵衛は織田家の時代が到来することを、冷静に読んでいたのだろう。

当時の毛利家を、一時代前に成長した守勢の大企業とすれば、織田家はいわば年々規模を拡大させているベンチャー企業だ。戦い方、組織のあり方などすべてが革新的で、何より織田信長は本気で天下布武《てんかふぶ》に邁進《まいしん》していた。青年武将の官兵衛が、そんな織田家に魅力を感じ、自分の力を試してみたいと考えるのは至極《しごく》当然であった。

自分が信義を守り抜けば、相手もそれに応えてくれる

「運命の出会い」という言葉があるが、織田家の部将・羽柴秀吉との出会いは、官兵衛にとってまさにそれであった。

小寺家中を織田家支持にまとめた官兵衛は、自ら岐阜に赴《おもむ》いて信長の傘下に入り、天正五年（一五七七）、播磨に進軍してきた秀吉を迎えた。秀吉の才覚と人柄に触れた官兵衛は、率先して播磨の先導役を務め、また居城の姫路城本丸を秀吉に譲った。一方の秀吉も、交渉の巧みな官兵衛が自分と似ていることを認め、喜んだであろう。「こいつは使えるぞ」と。

実際、播磨に土地鑑《とちかん》も人脈もない秀吉にとって、官兵衛は貴重な存在で、両者の歯車はうまく嚙み合った。もしこのとき、二人が出会っていなければ、官兵衛は田舎《いなか》の一武将で終わっていたかもしれない。

そしてもう一人、官兵衛に大きな影響を与えた人物がいた。秀吉の軍師役を務める竹《たけ》中半兵衛《なかはんべえ》である。半兵衛は美濃の斎藤家から織田家に移り、近江平定戦で活躍した人物だ。

官兵衛は秀吉の参謀役として、半兵衛と似た立場になるが、ともに播磨経略に尽力《じんりょく》する中で、二歳年上の半兵衛から学ぶものは多かっただろう。ほどなく半兵衛は急逝《きゅうせい》するため、一緒に働いた期間は長くないものの、天下布武を目指す織田軍団を支える、軍師としての心構えやノウハウを吸収したに違いない。

天正六年（一五七八）二月、東播磨の三木《みき》城主・別所長治《べっしょながはる》が突如離反《とつじょりはん》、毛利方に寝返ると、他の播磨の諸豪族も一斉《いっせい》に続いた。毛利家の巻き返しである。順調だった播磨経略は様相が一変し、諸豪族を織田支持に導いた官兵衛の努力は、徒労《とろう》に帰した。

さらに同年、追い討ちをかけるように、摂津有岡《ありおか》城主の荒木村重《あらきむらしげ》が織田家に謀反。秀吉は背後を脅《おびや》かされ、苦しい状況に陥《おちい》った。そして官兵衛の主君・小寺政職までもが、毛利方に寝返る。説得に赴いた官兵衛に政職は、荒木村重を翻意《ほんい》させることができれば考え直すと告げ、官兵衛を有岡城に向かわせた。

おそらく官兵衛は、意を尽くして村重と話し合えば、説得できると考えていたであろう。ところが村重は、官兵衛を捕《と》らえて土牢《つちろう》に幽閉《ゆうへい》した。『黒田家譜』には、政職が村重に密使を送り、官兵衛殺害を要請《ようせい》したとある。主君に裏切られ、捨てられたのだ。

土牢は暗く、湿気の多い不衛生な場所であったのだろう。官兵衛は一年近い幽閉によって、足の関節が曲がらなくなり、全身に皮膚病が広がった。このとき、官兵衛が何を思っていたのかは想像するしかないが、ただ一つ確実なのは、官兵衛は織田方から寝返らなかったという事実である。どんな苦境にあっても、他人を裏切らない、信義を守り抜く官兵衛という人間の本質を、そこに見出すことができる。

天正七年（一五七九）、織田軍が有岡城を攻略し、官兵衛は家臣たちに救出された。

官兵衛は、幽囚中《ゆうしゆうちゆう》に起きていたことを聞かされる。信長は、有岡城から戻らない官兵衛を裏切ったと疑い、人質であった官兵衛の息子・松寿丸《しようじゆまる》（のちの長政《ながまさ》）を殺すよう、秀吉に命じていた。しかし秀吉は、病身の半兵衛と相談し、信長の命令に従わず、密《ひそ》かに松寿丸を匿《かくま》っていたのである。

「裏切る人間がいる一方で、信頼できる人間もいる。そして自分が信義を守り抜けば、相手もそれに応《こた》えてくれる」。官兵衛は幽囚体験や、秀吉と亡き半兵衛が身をもって示してくれた信義を通じ、そんな確信を得たのかもしれない。

戦い方の流儀

天正九年（一五八一）、官兵衛は秀吉の参謀役として、鳥取《とつとり》城攻めから本格的に復帰する。以後の官兵衛には、明らかに彼の戦い方の流儀のようなものが見出せる。

第一に、交渉や調略で、戦う前に敵を降すことを狙う。『孫子』の「戦わずして人の兵を屈する」を実践するものである。

第二に、交渉しても従わないとなれば、敵の出城《でじろ》などを攻め落とし、その際に城兵をあえて殺戮《さつりく》して、敵本体の戦意を削《そ》ぐよう努める。非情ではあるが、屈服させるための一種の見せしめである。「三木の干殺《ほしごろ》し、鳥取の渇《かつ》え殺《ごろ》し」といわれる凄惨《せいさん》な兵糧《ひょうろう》攻めも、毛利方に対する見せしめの意味合いが含まれていたのだろう。

そして第三に、それでも屈しない敵には、備中高松城水攻めのような攻囲《こうい》持久戦を用いた。無理な力攻めをせず、敵に心理的ダメージを与えて、降伏に導く。

四国討伐《とうばつ》における岩倉《いわくら》城攻めの大鉄砲による威嚇《いかく》もそうであるし、支城を落とした上で、二十万以上もの大軍勢で包囲した小田原攻めもこれにあたる。

もちろんこれらは必ずしも順番どおり行なうものではなく、臨機応変に、ときに複合的に用いて効果を挙げた。ここから、官兵衛が戦い方で重んじたのは「勝つかどうか」ではなく、「いかに将兵の命を無駄に損《そこ》なわずに勝つか」であったことが鮮明にうかがえる。

天正十八年（一五九〇）の小田原攻めでは、完全に包囲して援軍の望みを断った小田原城に、降伏勧告の使者として官兵衛自ら単身乗り込んだ。そして食べ物を贈って籠城戦をねぎらい、北条氏の敢闘《かんとう》を称《たた》えた上で、将兵の助命を条件に、無血開城を真情《しんじょう》込めて説き、受け入れさせたのである。これによって、城内のおよそ三万の将兵の命が救われた。

官兵衛にすれば敵城に単身乗り込むのは、有岡城の悪夢の再現であり、相当な勇気と覚悟を要したはずだ。しかしそれでも実行したのは、信義を尽くせば必ず相手に通じるという強固な確信をもっていたからだろう。

小田原城の降伏で、ほぼ秀吉の天下統一は成った。それを実現させたのは、人間というものに精通し、戦わずに敵を降すことを重んじた黒田官兵衛あってこそといえる。

「主君の罰より臣下百姓の罰恐るべし」。これは官兵衛が、子孫に残した訓戒《くんかい》の一節だ。小田原攻めの前年に長男・長政に家督を譲った官兵衛は、その後の領国経営において、家臣や領民を重んじることこそ基本であると語った。ここにも信義を重んじる、官兵衛の人間観の一端《いったん》を見ることができる。

伊達政宗

想像を絶する「したたかさ」と「度胸の良さ」

秀吉の天下に組み込まれるつもりはない

戦国時代の東北地方は、「鎌倉以来」の名門武士がそのまま戦国大名化したところが多く、中小の戦国大名が乱立した。伊達政宗《だてまさむね》の家もその一つである。

江戸時代の『寛政重修諸家譜《かんせいちょうしゅうしょかふ》』に収められた伊達氏の家系図では、藤原《ふじわらの》（中臣《なかとみの》）鎌足《かまたり》に連なる朝宗《ともむね》という人を祖としている。

また、鎌倉時代の正史ともいえる『吾妻鏡《あずまかがみ》』には、源頼朝による文治《ぶんじ》五年（一一八九）の奥州《おうしゅう》藤原氏征伐《せいばつ》の際に、常陸《ひたち》入道念西《にゅうどうねんさい》という人物が四人の子どもを従軍させ、戦功を挙げたことが記されている。同書の別の箇所に「伊達常陸入道念西」と出ていることから、この人が伊達氏の家祖だったと推測できる。

いずれにしても、伊達氏は陸奥《むつ》国伊達郡を与えられて郡名を苗字《みようじ》とした、「鎌倉以来」の名門であったと考えてよいだろう。

室町時代になると、近隣に勢力を広げ、陸奥国信夫《しのぶ》郡や出羽《でわ》国長井荘《ながいのしよう》などを手中に収めた。そして、政宗の祖父・晴宗《はるむね》が米沢《よねざわ》に拠点を移し、戦国時代に至る。

政宗が父の輝宗《てるむね》から家督を譲られたのは天正十二年（一五八四）、十八歳のときである。

輝宗はまだ四十一歳であり、家督相続には早いようにも見える。これは、輝宗が我子・政宗の資質を高く評価したこともあるが、弟の竺丸《じくまる》を後継者に推す勢力を抑えようとしたこと、さらには先代の晴宗と先々代の稙宗《たねむね》が父子で争った「天文の乱」の轍《てつ》を踏まないよう、配慮したことが背景にあると思われる。

若くして家督を継いだ政宗は、近隣勢力と合従連衡《がつしようれんこう》を繰り返しながら力をつけ、奥州を代表する武将に成長する。

もっとも、政宗の目指すところは「上洛して天下を手にする」ことではなく、領土の拡大だったであろう。

中国地方の毛利元就は「天下は狙うな」と遺言したといわれるが、都に近い大名と遠く離れた地方の大名とでは、意識の面で違いがあってもおかしくはない。もし、政宗が尾張や三河《みかわ》で生まれていたら、天下取りを意識したに違いない。

これは私の持論だが、政宗は「奥州王国」とでも称すべき地方独立政権を目指していたと思う。

日本全体が一つの国というのではなく、一つの地方を統一して独立政権を樹立する動きは、各地で生じていた。四国では長宗我部《ちょうそかべ》氏、九州では島津《しまづ》氏、関東では北条氏が、それぞれ地方独立国を目指した。

北条氏は「関八州《かんはっしゅう》は自分の国だ」といういい方をしているが、政宗が奥州のどのくらいの範囲を「自分の国」と考えていたかはわからない。それでも、「豊臣秀吉の天下統一に組み込まれる必然性はない」と思っていたことは確かだろう。

政宗と秀吉、双方の思惑

伊達政宗が家督を継いだのは、本能寺の変の二年後のこと。翌年の天正十三年（一五八五）には、豊臣秀吉が関白となっている。つまり、政宗が勢力を拡大する時期は、秀吉の天下統一事業が進められる時期と重なるのである。

天正十七年（一五八九）、政宗は摺上原《すりあげはら》の戦いで会津《あいづ》の蘆名義広《あしなよしひろ》を破り、「奥州王国」に向けて大きく前進した。

戦国時代の「力の論理」では、自分のほうが強いと思えば攻め込む。政宗が時機を捉えて蘆名を攻めるのは当然のことだったが、そのときすでに関白の秀吉が、「大名同士の私戦禁止」（「惣無事《そうぶじ》」）を通達していた。

従来は、蘆名攻めが「惣無事」に違反したとして、政宗は秀吉から問責《もんせき》を受けたと捉えられてきた。

しかし、近年は「惣無事」の解釈が変わりつつある。「惣無事」という言葉こそ使われているものの、せいぜい「お互いに戦争を止めなさい」と告げる程度のもので、拘束《こうそく》力のある命令として出されたかどうかは微妙だ、という論調が強くなっている。

それはともかく、「奥州王国」樹立に突き進む政宗は、天正十八年（一五九〇）一月に、秀吉から小田原攻めへの参陣を求められる。政宗からすれば、「秀吉に従わず、奥州王国樹立に邁進《まいしん》する」と反発したいところだっただろう。まだ二十四歳と、血気《けっき》盛んな年頃だから、「秀吉、何するものぞ」という思いがあったことも想像に難《かた》くない。

蘆名攻めに際して、政宗は小田原の北条氏と同盟を結んでいた。蘆名氏当主の義広は常陸の佐竹《さたけ》氏から養子に入っており、蘆名と戦えば佐竹も相手にすることになる。そこで佐竹と敵対する北条と手を結んで、佐竹を牽制《けんせい》することが、政宗の思惑《おもわく》だった。

この北条との同盟を維持して、秀吉に従わないという一つの選択肢が、政宗の前にはあったのである。

北条の最大動員数は六万人くらいといわれ、伊達も二万人か三万人は動員できた。秀吉の二十一万から二十二万人という軍勢との差は大きい。ただ、秀吉からすると、遠征という距離的な問題を勘案《かんあん》すれば、伊達・北条同盟は少なからぬ脅威《きょうい》に映っただろう。戦には勝っても、損害は大きくなる。したがって、秀吉としては、伊達を切り離して、北条を孤立させたほうが得策である。

また、大崎《おおさき》、葛西《かさい》などの奥州の大名たちが、北条・伊達という二大勢力の連携に加わって、敵対する恐れもあった。そうなると、山形の最上義光《もがみよしあき》も、伊達・北条側に鞍替《くらが》えしないとも限らない。

浅野長政《あさのながまさ》などを使って、「蘆名攻めのことは不問《ふもん》に付す。早く頭を下げなさい。頭を下げれば、本領安堵してやる」という内容の手紙を送り、政宗の懐柔《かいじゅう》を試みたのは、おそらく、そのあたりまで秀吉が考えてのことだったと思われる。

遅参を許されたパフォーマンス

小田原を攻める秀吉のもとに参陣するかどうか、伊達政宗はかなり迷ったはずである。当時、「潔《いさぎよ》く戦って滅びるなら、それもよし」が、武士の一つの価値観だった。一戦も交《まじ》えず、軍門に降ることは悔《くや》しいものである。何より、領土拡大ができなくなり、「奥州王国」への道が閉ざされるかもしれない。政宗自身は、秀吉に屈服したくなかっただろう。

その一方で、「小田原攻めの遠征軍は、二十一万から二十二万人」という情報は入っていたと思われる。秀吉に敵対しても勝ち目がないことは、火を見るより明らかだった。悩みに悩んだ末、政宗は秀吉の力を認め、その傘下に入ることを決断する。

その際、政宗の片腕ともいわれ、傅役でもあった片倉小十郎景綱《かたくらこじゅうろうかげつな》から、「悔しいかもしれないが、御家生き残りのために頭を下げたほうがいい」との助言もあっただろうが、「鎌倉以来の名門を滅ぼしてはならない」という意識で、秀吉への臣従を決めたと私は考えている。

実際のところ、それは正しい判断だった。後世から見ても、家の生き残りを図るならば、「北条と手を切り、秀吉に頭を下げる」という選択しかないのである。

秀吉の小田原攻めは、天正十八年四月三日に始まった。政宗が小田原に到着したのは六月五日。かなりの「遅刻」である。

秀吉はすぐに政宗と会わず、いったん箱根《はこね》の底倉《そこくら》という地に押し込めた。二日後、詰問使《きつもんし》として訪れた前田利家に、「死ぬ前に、千利休《せんのりきゅう》から茶の湯の教えを受けたい」と政宗が頼み、これを聞いた秀吉が、「田舎者にしては風雅《ふうが》だ」と感心したエピソードが伝わっている。

これは、「若いのに面白いやつだ」と、秀吉へ印象付けようとした行動かもしれない。そうだとすると、遅刻して遠ざけられているのにもかかわらず、政宗という武将は相当にしたたかである。

六月九日、政宗は死装束《しにしょうぞく》に身を包み、秀吉との謁見《えっけん》の場に赴いた。死装束をまとったのは彼一流のパフォーマンスだろうが、死ぬ覚悟があったのは確かだろう。

このとき、平伏《へいふく》している政宗に近づいた秀吉は、政宗の首に杖《つえ》をあて、「もう少し来るのが遅かったら、ここが危なかったな」といったという。小田原攻めが終わるのは七月五日だから、滑り込みセーフといったところか。

家を守るために「長いものには巻かれろ」という形での臣従であり、苦渋《くじゅう》の選択ではあった。しかし、最終的に旧蘆名領の会津郡、岩瀬《いわせ》郡、安積《あさか》郡を取り上げられるだけで済み、政宗は存亡《そんぼう》の危機をしのいだのである。

意表を突くような行動で、相手の度肝を抜く

豊臣秀吉の奥州仕置《しお》き後、蒲生氏郷《がもううじさと》が会津・岩瀬・安積・石川《いしかわ》・白河《しらかわ》郡、木村吉清《きむらよしきよ》・清久《きよひさ》父子が大崎五郡・葛西七郡を与えられた。

木村父子の所領となった大崎と葛西で一揆が起こったのは、天正十八年十月のことである。この一揆を裏で扇動《せんどう》したのは、伊達政宗であろう。

奥州のことを知らない蒲生氏郷や木村吉清などが送り込まれたことに対して、「自分に任せてくれればいいのに」と面白くない思いが政宗にはあり、それが一揆を扇動した理由とも考えられる。

あるいは、蒲生や木村らが成果を挙げられずに引き下がったら、自分が出ていってま

とめ、葛西・大崎郡を自分の領地にするという、戦国大名的な論理が働いたのかもしれない。そうだとすれば、政宗は「奥州王国」の野望を捨てていなかったことになる。

理由はともあれ、蒲生氏郷から「一揆を扇動した」と訴えられた政宗は、秀吉の呼び出しに応じて上洛した。このとき、京都に入る行列の先頭に、金箔《きんぱく》を押した磔柱《はりつけばしら》を押し立てたという。「自分を処刑するなら、金の磔柱を使え」とのアピールである。

詰問の場に臨んだ政宗は、一揆勢にあてた書状をつきつけられると、「私の花押《かおう》には小さな穴がある。この花押にはそれがない。偽文書《ぎもんじょ》だ」と弁明した。他の書状を調べると、花押に小さな穴があり、辛くも罪を免れた。いざというときに備え、政宗は二つの花押を使い分けていたのだ。

秀吉政権下において政宗は、もう一つ、大きな危機に直面している。

文禄四年(一五九五)、関白の豊臣秀次が粛清《しゆくせい》されたときのこと。秀次に仕える政宗の旧家臣を通して、二人の関係が良かったので、「秀次一派」として連座する危険性が大だった。

このときの詰問使に対して政宗は、「秀吉様が関白を秀次様に譲った。両目で見ている秀吉様でさえ、おめがね違いをなされたのだから、片目の私が見そこなって、次の政権担当者が秀次様だと思い、ついていったのはしょうがない」と申し開きをしたという。

ふつうなら恐縮する姿を見せるところだ。しかし、堂々と秀吉の非を弁じ立てた。これは、想像を絶するような開き直りである。同時に、政宗の度胸《どきょう》の良さには感嘆《かんたん》するしかない。

結局、このときも秀吉は、それ以上の追及をしなかった。

金箔を押した磔柱もそうだが、人の度肝《どぎも》を抜く行動、意表を突くような行動が、かえって「面白いやつだ」という印象を秀吉に与えたのかもしれない。

あるいは、親子ほどの歳の差があるから、親のような立場で政宗を見て、「気骨《きこつ》がある」「可愛《かわい》いことをやる」と秀吉が思ったのかもしれない。

秀吉が取り潰《つぶ》した大名は少なくない。ささいなことであっても、秀吉の逆鱗《げきりん》に触れたら左遷《させん》されてしまう。そういう中で、政宗は何度も薄氷《はくひょう》を踏むような思いで、生きながらえた。いろいろな局面で困難に直面したときに、プレッシャーをはねのけ、それを乗り越えていく工夫と叡智《えいち》を、政宗はもっていた。その基本を一言でいえば、「開き直りで活路を見出した」と表現できる。

ある意味、「窮地に立たされるほど、力を発揮するタイプ」といっていいだろう。

徳川家康

太平の世を築いた「列島支配構想」とは

「関ケ原利益」の配分方法

関ケ原《せきがはら》の戦いが繰り広げられたちょうど一ケ月後の慶長五年（一六〇〇）十月十五日、徳川家康は、東軍に属した大名たちに対する論功行賞を行なった。これは、西軍に与した大名のうち、改易《かいえき》された者八十八人、その所領四百十六万千八十四石、減封《げんぽう》処分を受けた者五人、その所領二百十六万三千百十石、合計すると六百三十二万四千百九十四石という膨大《ぼうだい》な石高がすべて、家康の自由になったからである。家康は、この六百三十二万石余を有効に再配分することを通して、徳川家の支配体制がゆるぎないものとなるよう、大名たちの配置に取り組んだ。

再配分にあたって、家康が考えていたのは、一つには、自分の直轄領を増やすことであった。それまでの家康の所領は関東で二百五十万石であったが、自由に使えるようになった六百三十二万石余の内のおよそ四分の一を取って、合計石高を四百万石としている。このことによって、他の大名との差が大きくなり、徳川家が絶対者としての地位を不動のものとしたことになる。

二つ目は、譜代《ふだい》大名および親藩《しんぱん》の数を増やし、関東・東海・畿内《きない》の要地に置いた。それは、単に数を増やすだけでなく、各大名の石高もアップさせているから、磐石《ばんじゃく》な体制固めがうかがえる。

そして、三つ目は、東軍に属して軍功を挙げた外様《とざま》大名に対し、加増して功を賞しながら、僻遠《へきえん》の地に追いやっている点が指摘される。家康が考えていた大名配置の基本は、関ケ原の戦いの直後は、大坂城の豊臣秀頼封じこめと、外様大名が反乱を起こさないようにすることであった。しかし、慶長十九年（一六一四）から翌年にかけての大坂の陣によって、豊臣家が滅亡した時点で、その目的は、当然、主として外様大名の反乱防止に狙いがしぼられていった。

徳川カンパニーの支店

ご存じのように、徳川幕藩体制は、大名の家格を親藩、譜代、外様の三つに分けている。親藩とは、家康以降の直系の子孫で大名になったもの、譜代とは、三河以降関ケ原の戦い以前に徳川家に仕えていた武士で大名になったもの、外様は、関ケ原の戦い以降に徳川家に仕えた大名をいう。

幕府側から見ると、外様大名は、経営組織の中の一員ではあるが、いつ反乱を起こすかわからない存在であり、しかも、その勢力は結構大きかった。これに対して親藩や譜代大名は、血縁や主従関係などの強い絆《きずな》で結ばれており、支配機構の中枢であった。

これを現代的にいうと、外様大名は徳川カンパニーと専属契約を結んだ地方の大企業であり、親藩や譜代大名で一つの城を持ち、藩として独立しているものは、将軍家の江戸城を本店とした場合、本店に直結した支店と見ることができる。そして、城持ちではなく、役職として赴任していったものの場合、たとえば、京都所司代《きょうとしょしだい》とか長崎奉行などは、営業所といってもよい。

本店を中心にして、全国に支店や営業所を巧みに配置して、専属契約を結んだ巨大会社の動向を監視することにより、グループの安定した長期経営を目指そうというのが、家康の日本列島支配構想なのである。

東北の外様大名に対する監視体制

では、家康の列島支配構想を具体的に見てみよう。

たとえば、東北地方は、仙台《せんだい》城の伊達政宗の六十三万石を筆頭に、会津若松《わかまつ》城の蒲生秀行《ひでゆき》の六十万石、山形城の最上家親《いえちか》の五十二万石など、雄藩が目白押しであった。しかも、この内の一人、伊達政宗は、関ケ原の戦いに際して交わされた「百万石のお墨付き」が家康に反古《ほご》にされた恨《うら》みをもっており、「政宗謀反」の噂は何回か飛びかっていた。家康にしてみれば、東北のこれら外様大名に対する封じこめのための「支店」が、どうしても必要であった。

この中心となったのは、関ケ原の戦い直後の段階では水戸《みと》城の城主になった武田信《のぶ》吉《よし》。名前だけから判断すると武田信玄の末裔《まつえい》を思わせるが、実は家康の五男であり、名族・武田氏の名が消えてしまうのを残念がった家康が、わが子に武田家の名跡《みようせき》を継がせたのである。

つまり、水戸藩は、この時点で親藩としてスタートした。もっとも、信吉は、慶長八年（一六〇三）九月、二十一歳の若さで世を去り、子どももいなかったため除封《じよほう》とされ、のち、家康の十一男、頼房《よりふさ》が慶長十四年（一六〇九）十二月に、二十万石で水戸に入っている。いずれにせよ、家康とは最も近い関係の実子を東北雄藩の監視につけたのである。

このように親藩である水戸藩が東北大名の押さえの中心になったが、家康や二代将軍・秀忠のすごいところは、水戸藩だけでは十分だとは思わず、石橋を叩いて渡るように、何重もの監視体制をとったことである。

陸奥《むつ》・磐城《いわき》の平《たいら》城に鳥居忠政《とりいただまさ》（十二万石）、上野の館林《たてばやし》城に榊原康政《さかきばらやすまさ》（十一万石）、下野の宇都宮《うつのみや》城に奥平家昌《おくだいらいえまさ》（十万石）といった錚々《そうそう》たる譜代大名を置いている。つまり、平—水戸—宇都宮—館林のラインで東北の外様大名を押さえこもうとしていたのである。

親藩のまわりに幾重もの譜代大名を配置

このような防衛体制は、北陸の外様大名や西南の外様大名に対しても共通するもので、だいたい、どこの場合でも、親藩を置いて中心的役割を担《にな》わせながら、そのまわりに幾重もの譜代大名を配置しているのが特徴であった。

北陸では、特に加賀の金沢《かなざわ》城百二十万石の前田家に対する押さえとして、家康の次男・結城秀康《ゆうきひでやす》が六十七万石で越前の福井《ふくい》城に入っていることにも、その方針を見ることができる。

近畿・西国《さいごく》の外様大名に対する押さえは、徳川家として最も遅れたところで、関ケ原の戦いの直後には、近江の彦根《ひこね》城に井伊直政（十八万石）を置き、丹波《たんば》の篠山《ささやま》城に松平《まつだいら》康重《やすしげ》（五万石）、山城《やましろ》の伏見城に松平定勝《まつだいらさだかつ》（七万石）を置くのが精いっぱいのところであった。

しかし、その後、大坂の陣を経て外様大名の取り潰しなどで空《あ》いたところに、譜代大名を積極的に押しこんでいく政策をとったため、やがて、四国・九州にまで譜代大名が置かれ、至近距離で西南雄藩の情報を収集できる体制ができあがった。

なお、交通網の掌握も大名配置の上から注目されるところで、東海道《とうかいどう》はほとんどすべて譜代大名が握り、中山道《なかせんどう》も江戸に近いところは譜代大名が握っていた。この場合、宿場町はイコール譜代大名の城下町でもあった。

しかも、交通上の要衝《ようしょう》である関所の近くには、たいてい譜代大名が置かれていたという点も指摘できる。東海道の箱根《はこね》の関所の場合、東側の小田原藩には譜代大名の一つ大久保氏が入り、西側の沼津《ぬまづ》藩も大久保氏が入り固めていた。

小田原も沼津も、大名の移動があり、途中、空白期間もあったりするが、幕府としては、交通網を押さえる拠点として考えていたことは間違いない。同じく、東海道では新居《あらい》の関所近くの浜松《はままつ》藩もそうした任務をもたされていた。

最重要拠点は直接経営

次に、「営業所」のいくつかを見ることにしよう。

一番重要だったのは京都所司代である。とりわけ、大坂の陣までの間は、大坂城の豊臣方の情報収集も行なっており、幕府のいくつかある職の中でも重いものであった。

京都所司代の職務内容は、一つ目は京都の護衛であり、さらに、二つ目として、禁中《きんちゅう》・公家《くげ》の監視および連絡があり、幕府と朝廷との窓口の役割を果たしていた。そして三つ目として、京都町奉行・奈良奉行・伏見奉行を統括し、京都周辺八ケ国の天領の訴訟処理があり、四つ目の役割が西国外様大名の監視であった。

京都所司代には、慶長五年に奥平信昌《のぶまさ》がはじめて任ぜられ、ついで、板倉勝重《いたくらかつしげ》・重宗《しげむね》父子が就任している。大坂夏の陣は、元和《げんな》元年（一六一五）三月十五日付の板倉勝重から家康宛の報告書が、開戦の直接的なきっかけとなっている。

営業所としてもう一つ注目されるのは、遠国《おんごく》奉行である。これは、幕府直轄の要地に配置された奉行の総称で、大坂・京都・駿府などの町奉行のほか、伏見・長崎・山田《やまだ》（伊勢《いせ》山田）・日光《にっこう》、奈良・堺・佐渡《さど》・下田《しもだ》・浦賀《うらが》・箱館《はこだて》・新潟《にいがた》などの諸奉行をいう。

たとえば、その一つの佐渡奉行は、慶長六年（一六〇一）に、佐渡が幕領となると同時に設置され、鉱山の監督などにあたっていた。

このように、家康は、最重要拠点に幕府直轄の営業所を、重要拠点に親藩や譜代といった信頼できる部下を長とした支店を配置して列島経営の監視・情報網を整備し、しかも営業所長や支店長に能力ある人材を登用した。その方式が徳川二百六十年を通じて受け継がれ、安定した経営組織の存続を成功させたのである。

戦国余話 一

研究によって覆ってきた織田信長像

書き替えられていく戦国史

旧来の秩序を壊し、戦国乱世を切り拓《ひら》いた「破壊者」――。日本史上、最も有名な男といっても過言ではない織田信長に対して、そのような人物像を思い浮かべる人も多いのではないだろうか。

しかし近年は、そんな従来のイメージにとらわれない、「新たな信長像」が提議されている。私も一研究者として非常に興味深く、また「破壊者である信長」にカタルシスを覚える方が多いだけに、今までと異なる信長像を主張する方々には、勇気を感じずにはいられない。

とはいえ新史料の発見、あるいは史料の解釈の変化によって、これまで常識として語られてきた「通説」が改められることは、歴史研究ではしばしばある。

たとえば、「美濃の蝮《まむし》」こと斎藤道三《どうさん》は、京都の妙覚寺《みょうかくじ》の僧侶から油売りになり、さらに美濃の土岐《とき》氏に仕えて、一代で美濃の主にのし上がったとされてきた。しかし、岐阜県史編纂《へんさん》の過程で新たな六角《ろっかく》氏の文書が見つかり、「『斎藤道三』の国盗《くにと》りは、実は父子二代がかりで行なわれたものだった」と、ガラッと見直されたのである。

一方、個人的に非常に印象深いのが、北条早雲のケースである。早雲といえば八十八歳の長命を保ち、むしろ「老いてから活躍した武将」という印象をもたれがちだった。

ところが、近年では史料の解釈が変わり、六十四歳で没したとする説が一般的となり、出身も伊勢の素浪人ではなく、備中の伊勢氏が定説となっている。さらに伊豆討入りの年も、従来は延徳《えんとく》三年（一四九一）とされてきたが、明応二年（一四九三）と書き替えられている。この伊豆討入り年の見直しは、私が四十年近く前に唱えたことがきっかけであった。

ただし、「歴史の書き替え」は、ある程度の時間を伴って行なわれる。早雲の伊豆討入り年の新説にしても、認められるまでに十年ほどかかった。通説を改める際には細心の注意を伴う検証が必要であり、同時に少なからずの躊躇《ちゅうちょ》もある。誰かが新説を唱えて突破口を開き、そこにフォロワーが現われ、緩《ゆる》やかに受け入れられてゆくものなのである。

「突然、時代の寵児が現われた」のではないか

そして、戦国史研究で注目を集めているのが「織田信長に、どの角度から光を当てるか」ということである。ここではまず、これまで信長はどのように語られてきたか、次に現在ではどのような点で、従来の信長像に疑問が提示されているかを見ていこう。

戦前、信長は「勤王家《きんのう》」としての側面が強調されてきた。伊勢神宮の式年遷宮《しきねんせんぐう》の復興や、御所《ごしょ》の築地《ついじ》を直した逸話などが盛んに語られたのである。『織田信長文書の研究』(吉川弘文館)という資料集をまとめられた奥野高廣《おくのたかひろ》先生の研究が、その代表例となるだろう。

しかし敗戦を経て、いわゆる皇国《こうこく》史観が取り払われた結果、一人の武将、あるいは政治家として信長をどう見るかが考えられるようになってきた。戦後しばらくは軍国主義へのアンチテーゼとして、武将研究が停滞《ていたい》したこともあり、年代としては、昭和四十年代に入ってからのことだ。その中で、次第に信長の先進性が論じられ始め、「時代の寵《ちょう》

児《じ》」としてのイメージが定着するのである。

戦前は、信長に限らず戦国武将は、どちらかといえば軍記物などをもとに語られてきた。もちろん軍記物にも見るべき点はあるものの、「研究」という意味では限界がある。そこで昭和四十年代から、古文書をもとに研究するスタイルが定着していった。現在も、史料をどう読み、どう捉えるかが検証され続け、信長に関していえば「突然、時代の寵児が現われた」のではなく、先行する戦国大名たちの良い部分を上手に取り込みつつ、自分なりにアレンジして躍進《やくしん》した側面が強調されるようになった。

次に具体例として、信長に関して、論点とされている主な四つの点を、私の個人的な見解とともに紹介していこう。

❶信長が目指した「天下」の概念とは

戦国史においては、従来、「日本全国」を指す言葉として「天下」が用いられてきた。しかし近年では、「天下」とは主に「畿内」を指す言葉とされている。そして各大名は日本全国の統一など目指しておらず、単純に自国の領土を広げることのみに注力《ちゅうりょく》していたとする考えが一般的になってきた。

また、信長は美濃を手中《しゅちゅう》にするや、「天下布武」の印判を用い始めたことから、そのときから全国統一の野望を抱いたと語られてきたのだが、この際の「天下」も、「日本全国」を意味しないとする解釈が広がっている。

とはいえ私個人としては、やはり信長は「天下布武」を掲げ《かか》た瞬間から全国統一を意識し、その点で武田信玄や上杉謙信ら他の戦国大名と一線を画す存在であったと考えている。信長はのちに畿内周辺どころか中国の毛利氏、四国の長宗我部氏と相対した。あれだけの軍事的規模と、同時並行で各所に戦いを仕掛ける姿からは、畿内や近国を押さえるだけでなく、「その先」を見越していたと感じずにはいられない。

❷信長は、室町幕府を転覆させようとは考えていなかった?

信長は「天下布武」を掲げた後、足利義昭《よしあき》を奉《ほう》じて上洛し、義昭を十五代将軍につけて室町幕府を再興する。従来は、当初から室町幕府体制の打破を目指しており、義昭と手を結んだのも傀儡《かいらい》政権を築くためであった、とされてきた。ところが近年、信長と義昭は「良きパートナー」であり、最終的に決裂したのは義昭が信長を裏切ったからで、信長は本来、室町幕府を転覆《てんぷく》させようとは考えていなかった、とする見方が有力だ。

しかしこの点に関しては、従来の説も捨てきれないのではないだろうか。確かに、信長と義昭の関係は以前からいわれていたような険悪なものではなかったのだろう。それでも私は、信長は当初より義昭をトップに置きながらも、自らが実権を握ろうとしていた、つまり「傀儡政権」の樹立をもくろんでいたと考えている。

信長は、義昭から管領《かんれい》や副将軍の役職に就《つ》くことを打診《だしん》されるが、これを拒《こば》んでいる。後々、幕府体制を打破するときに、謀反人と誹《そし》られるのを避けるためであれば、この行動も腑《ふ》に落ちる。

❸一貫して天皇を重んじていた？

信長は、正親町《おおぎまち》天皇に誠仁《さねひと》親王への譲位《じょうい》を迫り、天皇の大権である暦《こよみ》についても、尾張の暦を採用するように提案している。以上から信長は、朝廷に圧力を加え、既存の秩序を破壊しようとしていたと見られてきた。

しかし近年は、天皇を一貫して重んじていたのではないかと考えられ始めている。譲位はむしろ正親町天皇自身が望んでいたものであり、改暦も現行の暦は不吉の象徴である日食を正しく予測できず（実際、本能寺の変前日の日食は予測できていなかった）、天皇にとって宜《よろ》しくない、と考えたとする説である。私も、この点については同じ考えで、従来の朝廷との関係性は見直されるべきであろう。

❹なぜ、「全国統一」に近づくことができたのか

信長が掲げた「天下」の意味や、室町幕府や朝廷との関係性がどうであれ、彼が全国統一に迫ったことは確かである。近年、信長の「先進性」に異を唱える向きもあるが、この点は揺るがぬ事実であり、「なぜ、信長だけが他の大名とは異なり、全国統一に目を向けることができたのか」は戦国史の大きな命題であろう。

私は、「真実の信長」を紐解《ひもと》くカギは「経済力」だと考えている。

信長は商品流通経済に着目し、商業を盛んにすることで、商人たちの富の蓄積をはかり、その商人たちから冥加金などの形で上納させた。義昭からの副将軍の提示を蹴《け》った信長は、一方で堺と近江の大津《おおつ》、草津《くさつ》を直轄地にしている。ふつうの大名ならば権威を欲するだろうが、信長はあくまで「実利」を取った。

トップがこうした合理的な思考をもてばこそ、織田家は飛躍的に成長し、畿内にとどまらず全国を視野に入れる「余裕」をもてたのだろう。

第二部

あの合戦の実相――通説は覆された

兵力差も上洛目的も迂回しての奇襲も……

実は、兵力にそれほど大きな差はなかった？

永禄《えいろく》三年（一五六〇）五月に起きた桶狭間《おけはざま》の戦いは、織田信長《おだのぶなが》の軍が十倍以上ともいわれる今川義元《いまがわよしもと》軍を破ったことから、「信長は万に一つの勝利を得た」と、奇跡的逆転ばかりが強調されてきた。しかし私は、そうした見方に疑問を抱《いだ》いている。

桶狭間当時、今川義元は駿河《するが》・遠江《とおとうみ》・三河《みかわ》の三ケ国の大大名であったのに対し、信長は尾張《おわり》一国の大名であった。この三対一の比率から、「信長は圧倒的劣勢」と見られてきたのだが、大きな間違いである。

桶狭間当時の石高《こくだか》は判明していないが、慶長《けいちょう》三年（一五九八）の検地によれば、駿河・遠江・三河の三ケ国合計で約七十万石。対する尾張は一国で五十七万千七百三十七石であった。今川家は尾張の一部も勢力下に置いていたため、その分を勘案《かんあん》したとしても、見た目ほどの国力差はなかったのである。

また、今川軍の兵力は通説では二万五千とされる。これは妥当《だとう》だろう。しかし、正規の武士は一割程度で、残りの九割は農民兵だったのではないか。戦国時代について記した『落穂集《おちぼしゅう》』によると、「戦場で千人の死者があれば、武士はそのうち百人から百五十人程度だった」としているからだ。

一方、織田軍の動員兵力は六千ほどだろうが、守備兵などを除けば、決戦時に信長が率いたのは、三千程度と思われる。だが今川軍とは異なり、信長自《みずか》らが鍛《きた》え上げた馬廻《うままわり》衆を中核とする精鋭部隊であった。つまり、今川家と織田家の国力差・兵力差は、従来の我々がイメージするほどは大きくないのである。

出陣目的は、「上洛して天下に号令をかけること」ではない

さて、かつて通説では、今川義元は上洛《じょうらく》を目指したとされていた。これは今川家が足利《あしかが》将軍家に連なる家柄を誇り、「御所《ごしょ》が絶えれば吉良《きら》が、吉良が絶えれば今川が継ぐ」

という俗伝《ぞくでん》があることから、義元の出陣目的は、「上洛して天下に号令をかけること」とされてきた。ところが、今川家の関係史料を見るかぎり、上洛を匂《にお》わせるものは何一つない。

私は、義元の目的は、「尾張制圧」にあったと考える。「大高城《おおだかじょう》と鳴海城《なるみじょう》に対する織田方の付城《つけじろ》を取り除くことだった」とする説もあるが、それならば何も義元自らが出陣する必要はない。義元が直々《じきじき》に大軍を率いる以上、信長を破って、尾張を制圧する意図があったはずだ。

迎え撃つ信長の心境はいかなるものであったろうか。通説では決戦前夜の五月十八日、信長は軍議を開き、重臣の籠城《ろうじょう》策を退《しりぞ》けて出撃策の断を下したという。

一方、『信長公記《しんちょうこうき》』によると、信長は重臣を前にしながらも、軍議らしい軍議をしなかったという。何も策がなかったのか。そうではあるまい。おそらく内通者がいることを警戒し、あえて軍議をしなかったのだろう。

つまり、敵だけでなく味方にも、徹底的に情報を秘匿《ひとく》しようとしたのである。こうした信長の情報重視の姿勢は、実は桶狭間以前から見られる。

弘治《こうじ》三年（一五五七）頃、戸部《とべ》城主・戸部政直《まさなお》は織田方から今川方に寝返った。すると信長は、戸部の書状を集め、その筆跡を祐筆《ゆうひつ》に真似《まね》させた。そして、「再び信長に与《くみ》する」と、戸部が信長に宛《あ》てた書状を偽造《ぎぞう》し、義元の手に渡るようにした。結果、怒った義元は戸部の首をはねさせたという。

また、永禄二年（一五五九）頃のこと。鳴海城の山口教継《やまぐちのりつぐ》が今川方に寝返った。信長は、「山口教継の寝返りは偽《いつわ》りで、義元が尾張に入れば、信長に呼応《こおう》して挟撃《きょうげき》する」という噂《うわさ》を駿府《すんぷ》で流させる。それを信じた義元は、山口に腹を切らせたという。

こうした情報戦略は、信長の決戦時における行動を考察する上で、欠くことのできない視点ではなかろうか。信長は、一般にイメージされているように、義元の大軍にいきなり攻められたのではなく、以前から対抗策を練っていたのである。

『信長公記』のすべてが正しいとは限らない

作戦を秘匿した信長は、十九日早朝に清須《きよす》城から出陣し、八時頃に熱田神宮《あつたじんぐう》に入った。

その後、丹下《たんげ》砦《とりで》を経由して善照寺《ぜんしょうじ》砦に到る。信長が熱田神宮に入った頃、今川軍は松平元康《まつだいらもとやす》（徳川家康《とくがわいえやす》）らが丸根《まるね》砦と鷲津《わしづ》砦を攻略し、また別の前衛部隊が、鳴海城方面に進出していた。

このとき、織田軍の佐々《さっさ》政次《まさつぐ》と千秋季忠《せんしゅうすえただ》が、僅《わず》か兵三百で今川軍の前衛部隊に攻撃を仕掛けた。『信長公記』は、これを二人の抜け駆けのように記している。

しかし、信長の命令なしに動くだろうか。この攻撃は、信長の命《めい》によるもので、今川軍の目を信長本隊から逸《そ》らすためだったのだろう。

二人は討《う》ち死《じ》にするが、その間に信長は中島《なかじま》砦に入った。この動きは丸根、鷲津方面の今川軍からも望見《ぼうけん》できるものであったが、佐々らの動きにより、信長の進軍は見過ごされたのだろう。

ここで強調しておきたいのは、『信長公記』は信ずべき史料だが、そのすべてが正しいとは限らないということだ。たとえば安土《あづち》城築城に関し、『信長公記』では石垣用の石引き作業がうまくいったかのように記されている。

しかしルイス・フロイスによれば、その際、多数の死者が出ている。つまり『信長公記』は、信長にとって不都合なこと、不名誉なことには触れないようにしている可能性がゼロではないのだ。

また、桶狭間の戦いについて言及した『信長公記』の首巻《しゅかん》部分は、他の巻に比べると記述が詳細ではない。『信長公記』の不自然な部分、書かれていないことは、他の史料から補《おぎな》っていくことも必要であろう。

「今川義元、おけはざま山で休息中」との情報をもたらした人物

一方、今川義元である。義元本隊は十九日に沓掛《くつかけ》城を発した。その向かう先はどこだったのか。これは、義元本陣地の「おけはざま山」と義元討ち死に地、そして信長の攻撃ルートを特定する上で、重要な問題だ。義元の向かう先は、今川方の鳴海城もしくは大高城しかないが、私は大高城を目指していたと見ている。

縄張図《なわばりず》や遺構《いこう》を見るかぎり、大高の方が拠点とするにふさわしい。義元は大高城において、「尾張制圧」の采配《さいはい》を執《と》ることをもくろんでいたのだろう。つまり義元は、東海道《とうかいどう》ではなく大高道《みち》を進軍し、大高城に入ろうとしたのだ。

『信長公記』によると、進軍途中、義元本隊は「おけはざま山」で休息したという。これは名古屋市緑《みどり》区と豊明《とよあけ》市に跨《また》がる、標高六十四・七メートルの丘陵地《きゅうりょうち》一帯を指すと

思われる。おそらく今川軍先鋒《せんぽう》は、大高城に向かう義元本隊がここで休息できるよう、あらかじめ布陣《ふじん》の準備をしていたはずである。

そしてこれが、信長の戦略に大きな影響を与えたのではないか。すなわち、中島砦に入った信長は、「今川義元、おけはざま山で休息中」との情報をすでに得ていたと考えるのである。

そして、義元陣地の情報をもたらした人物は、これまで通説とされてきた『日本戦史桶狭間役』にあるとおり、家臣の簗田出羽守《やなだでわのかみ》だったのではないだろうか。

確かに『信長公記』には、簗田が信長に情報をもたらしたとは記されていない。そのため、「簗田の活躍はなかった」とする見方もある。

しかし情報を重んじる信長が、義元の本陣地を把握することなく、寡兵《かへい》で攻撃を開始することは考えにくい。また『信長公記』といえども、記していない事実もあろう。ここは、簗田の活躍があったと考えたい。

また私は、簗田は沓掛の地侍《じざむらい》だったと見ている。地理に通じていた簗田は、今川軍先鋒が桶狭間山に布陣したことから、義元のルートを予測し、当日、それを確認して信長に伝えたのだろう。

奇襲か、強襲か

義元本陣地を知った信長は、いよいよ勝負に出る。

通説とされてきた『日本戦史 桶狭間役』では、信長は、善照寺砦に一千の軍勢を置き、そこに信長本隊が布陣しているように見せかけ、自らは二千を率いて密《ひそ》かに出陣。そのルートは、今川軍に動きを悟られぬよう、戦場を大きく迂回《うかい》し、丘陵地帯を進むものであった。

しかし『信長公記』に従えば、従来の迂回奇襲説は成り立たない。『信長公記』には、信長は中島砦を出て山際《やまぎわ》を進みつつ、今川軍と衝突したとある。これは信長が東海道沿いを進みつつ、今川軍最前線の警戒部隊に正面から攻撃を仕掛け、小競《こぜ》り合いをしたという意味だろう。

このとおり信長本隊が今川軍に正面から攻撃を仕掛けたならば、義元本陣に全く気づかれずに接近することは極めて難しい。常識的に考えれば、警戒部隊が本陣に急を知らせるはずだ。

ところが、義元は「信長軍接近中」の知らせを受けていなかったと思われる。『信長公記』によると、義元本陣に突入した信長軍は、義元の塗輿《ぬりこし》を見つけて旗本《はたもと》の位置を把握したという。もし、信長本隊の接近を知っていれば、義元は自分の居場所を察知させる塗輿を近くに放置することはないだろう。

ではなぜ、義元に急報は届かなかったのか。

それも、私は簗田の活躍だったと見ている。

合戦場においては、敵の物見《ものみ》や警戒部隊を捕殺《ほさつ》することはままある。このとき、簗田の配下が、今川軍の最前線と義元本陣の連絡網を遮断《しゃだん》していたのではないだろうか。

それに加えて、大雨の影響も大きい。午後一時頃、強い雨が降り始めたという。それにより、義元本陣への急報が妨《さまた》げられ、信長本隊の進軍も秘匿されたのだろう。この間に信長は、義元本陣の桶狭間山の西側に辿《たど》り着いたのではなかったか。そして、雨が止《や》んだ後、麓《ふもと》から義元本陣に攻撃を仕掛けていったのである。

今川軍は、総勢二万五千と見られる。しかし、その多くは、目指す大高城方面や鳴海城に展開しており、義元本隊には五千ほどの兵しかいなかったであろう。そこを、信長率いる二千の兵が攻め上っていった。この攻撃を、強襲ととるべきか、奇襲ととるべき

中島砦を出た後の信長の進軍ルート

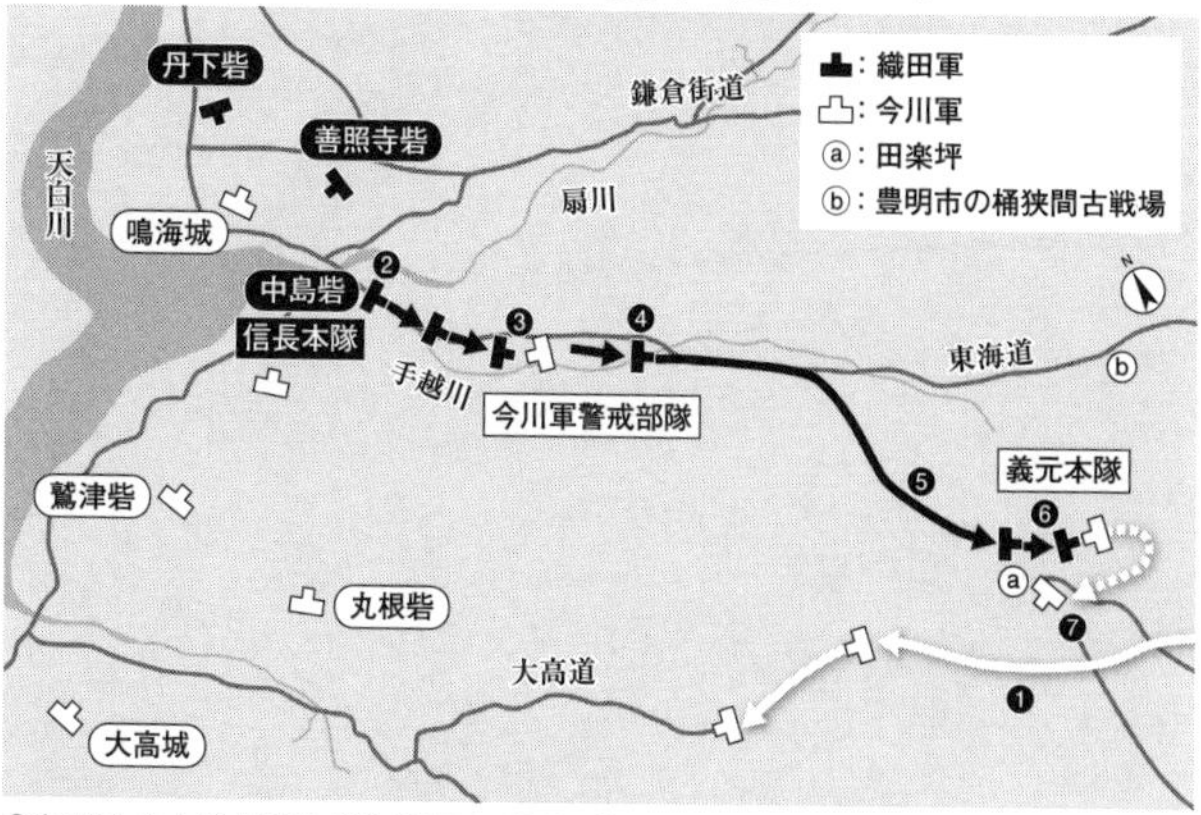

❶今川軍、主力が大高城、鳴海城方面に展開。義元本隊は僅か5000となる
❷信長、義元本隊の位置を把握。中島砦を出撃
❸信長本隊、今川軍の最前線の警戒部隊と小競り合いをしつつ、東海道を進む
❹この頃、簗田出羽守の配下が、今川軍警戒部隊と義元本隊の連絡を絶つ
❺信長本隊、大雨にも助けられ桶狭間山に接近
❻信長本隊、織田軍に気づかぬ義元本陣に正面から奇襲
❼信長本隊、大高城方面に逃げようとする義元を田楽坪で討ち取る
※義元本陣地は、64.7mの丘陵地に比定。信長の進軍ルートと今川軍の布陣は推定を含む

か。それは奇襲であろう。なぜなら、義元本陣は信長本隊の接近に気づいておらず、少なくとも今川軍の意表《いひょう》を突く攻撃だったことは間違いないからだ。だからこそ、義元本陣は、一気に崩れたのではないか。

では、義元が討たれたのはどこか。現在、合戦地の候補として、桶狭間山西麓《せいろく》の桶狭間古戦場公園（名古屋市緑区）と、北麓の桶狭間古戦場伝説地（豊明市）が挙げられている。おそらく、信長軍の襲撃を受けた今川軍は、その両方に敗走したのだろう。だから両地とも、古戦場といえる。ただし義元が討たれたのは、西麓の桶狭間古戦場ではないか。というのも、義元はもともと大高城を目指しており、とにかく大高城に入ろうと必死に逃げたはずだ。そこを、討たれたのであろう。

かくて、戦《いくさ》は信長の勝利に終わった。劣勢を覆《くつがえ》しての勝利は、奇跡的であるのは確かだ。

しかしながら信長は、合戦前から義元の力を削《そ》ぎ、決戦時においては義元本陣の位置を突き止めることに成功していた。信長は劣勢の中においても、情報を駆使《くし》して、勝つための最善策を常に考えていた。信長の情報戦略が、勝利をもたらしたのである。

川中島の戦い

謎に満ちた、日本史の流れを左右した合戦

なぜ、十二年も戦い続けたのか

軍師・山本勘助《やまもとかんすけ》が献策《けんさく》した武田軍の「啄木鳥《きつつき》戦法」、上杉《うえすぎ》軍の「車懸《くるまがか》りの陣」、武田信玄《しんげん》と上杉謙信《けんしん》の一騎打ち……。

永禄四年（一五六一）の第四次川中島《かわなかじま》合戦は様々な名場面に彩《いろど》られ、戦国合戦の中でも特に広く知られている。それだけでなく、死傷者が両軍あわせておよそ八千という、戦国最大級の激戦でもあった。

ただ意外なことに、川中島の戦いがどのような戦いだったのか、実態はほとんどわかっていない。確実な史料が少なく、どこまでが史実なのか、定かではないのである。それゆえ「啄木鳥戦法はなかった」など、現在に至るまで様々な説が提唱されており、戦

国史上、「最も謎《なぞ》に満ちた戦い」といっても過言ではない。

では、川中島の戦いとは何であったのか。まずは、信玄と謙信が干戈《かんか》を交《まじ》えることになった背景からひもといてみたい。

発端《ほったん》は、天文《てんぶん》二十二年（一五五三）に遡《さかのぼ》る。この年、信濃《しなの》制覇を目指す信玄が、村《むら》上義清《かみよしきよ》らを越後《えちご》の謙信のもとに追い落とした。これを受けて謙信は、信濃諸将の旧領を回復すべく、信玄との対決を決断した。

以後、両雄は永禄七年（一五六四）に至るまで、川中島を舞台に五回も戦うこととなったのである。中でも第四次合戦が最激戦だったことから、一般に川中島の戦いというと、この戦いを指す。

不思議なのは、戦いが十二年もの長きにわたったことだろう。ふつうは一、二度戦って決着がつかなければ、和睦《わぼく》に踏み切るものだ。なぜ、二人はそうしなかったのか。私は信玄の側に、大きな要因があったと考える。

信玄は相模《さがみ》の北条氏康《ほうじょううじやす》、駿河の今川義元と甲相駿《こうそうすん》三国同盟を締結《ていけつ》しており、進むべき道は北と西しか残されていなかった。そして山国・甲斐《かい》の領主である信玄にとって、海のある越後は魅力的であり、北進を決断したのだろう。

それに対して謙信は、本国の防衛もあるが、「義の人」らしく、信濃諸将を助けるべく信玄と戦い続けたのだと思われる。

川中島の地勢も、戦いを激化させることになった。その名が示すように川中島は、千曲川《ちくまがわ》と犀川《さいがわ》に挟《はさ》まれた中洲《なかす》であり、信濃一といってもよい穀倉《こくそう》地帯だった。それだけに、信玄は是《ぜ》が非《ひ》でも押さえたかったはずだ。

一方、謙信にすれば居城《きょじょう》の春日山《かすがやま》城まで約七十キロメートルの近距離であり、防衛上、決して欠くことのできない要地であった。

こうした対立構造の中で、永禄四年の第四次合戦を迎えた。この戦いがとりわけ激戦となったのは、謙信の側に大きな要因があったと思われる。基本的には、第三次合戦までは信玄が先に攻め、謙信がそれを押し返すという流れだが、この戦いに限っては謙信が先手を打っているからだ。

謙信の態度に変化をもたらしたもの、それは前年の桶狭間の戦いが大きかったのではないかと見ている。この戦いで今川義元が討ち死にしたことにより、謙信は「甲相駿三国同盟を瓦解《がかい》させる好機」と捉《とら》えたのではないだろうか。

だからこそ、信玄との決戦直前に、小田原《おだわら》城に拠《よ》る北条氏康も攻めているのだ。

第四次川中島合戦は、桶狭間と連動する戦国時代の大きなうねりの中で起きていたのだといえる。

語り継がれた名勝負

では、第四次川中島合戦はどんな経過を辿ったのか、まずは一般に流布《るふ》している通説に基づいて見ていきたい。

永禄四年八月十四日、謙信は春日山城を出陣し、十六日に妻女山《さいじょさん》に布陣。武田方の海《かい》津《づ》城の西に位置する小山で、城を見下ろせたという。軍勢は、一万三千である。

一方、海津城主・高坂昌信《こうさかまさのぶ》（春日虎綱《かすがとらつな》）の烽火《のろし》によって謙信の出陣を知った信玄は、八月十八日に甲府《こうふ》を出陣し、二十四日に妻女山西北の茶臼山《ちゃうすやま》に布陣した（雨宮《あめのみや》とも）。ここで上杉方の出方を見つつ、二十九日に海津城に入った。軍勢は二万。ここからしばらくは、海津城の武田軍、妻女山の上杉軍の睨《にら》み合《あ》いとなる（次ページ図一）。

膠着《こうちゃく》状態の末に先に動いたのは、武田方であった。山本勘助の献策による、いわゆる「啄木鳥戦法」で勝負に出るのである。一万二千の別働隊で妻女山を背後から奇襲、

通説による第四次川中島合戦

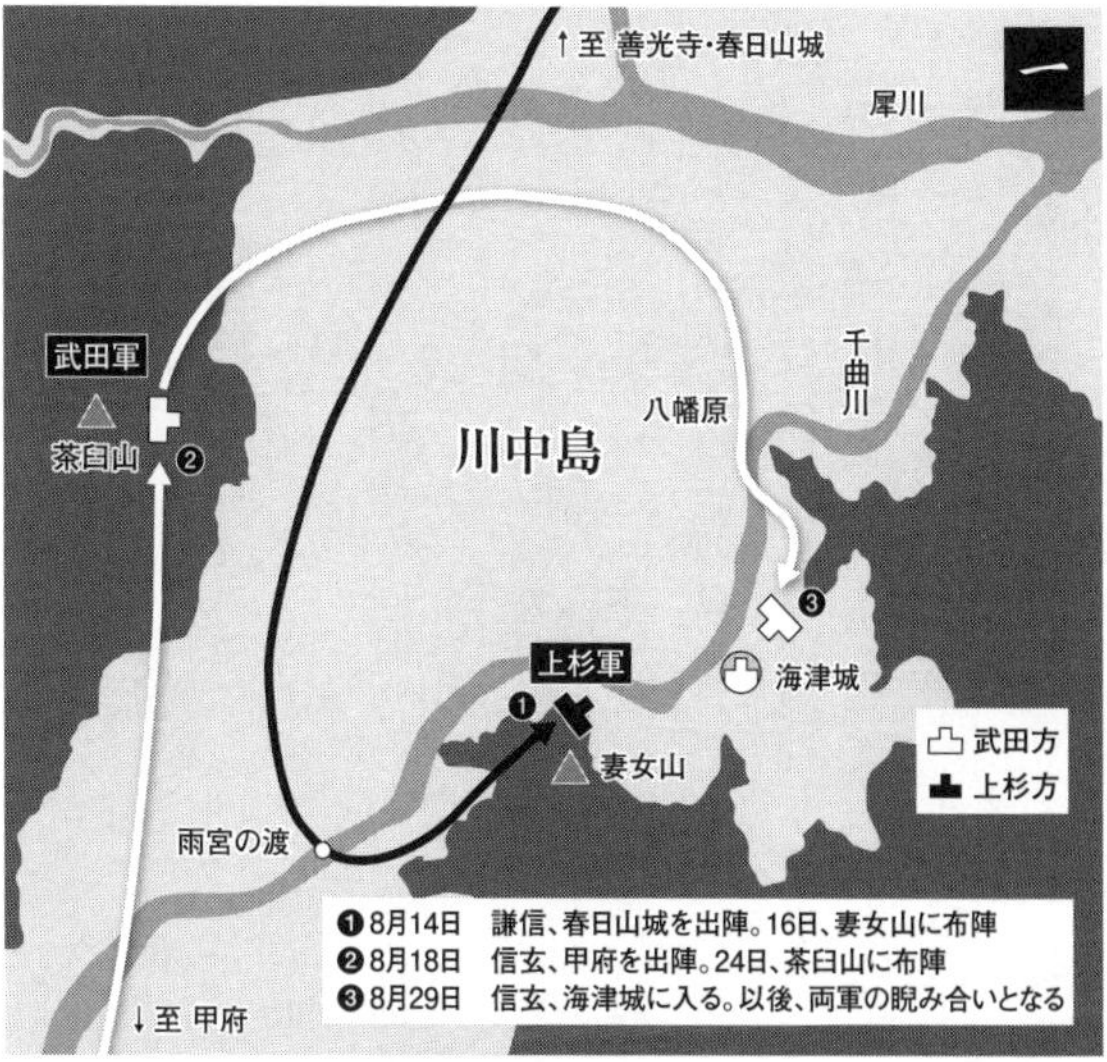

一
↑至 善光寺・春日山城
犀川
武田軍
茶臼山
千曲川
八幡原
川中島
上杉軍
海津城
妻女山
武田方
上杉方
雨宮の渡
↓至 甲府
❶8月14日　謙信、春日山城を出陣。16日、妻女山に布陣
❷8月18日　信玄、甲府を出陣。24日、茶臼山に布陣
❸8月29日　信玄、海津城に入る。以後、両軍の睨み合いとなる

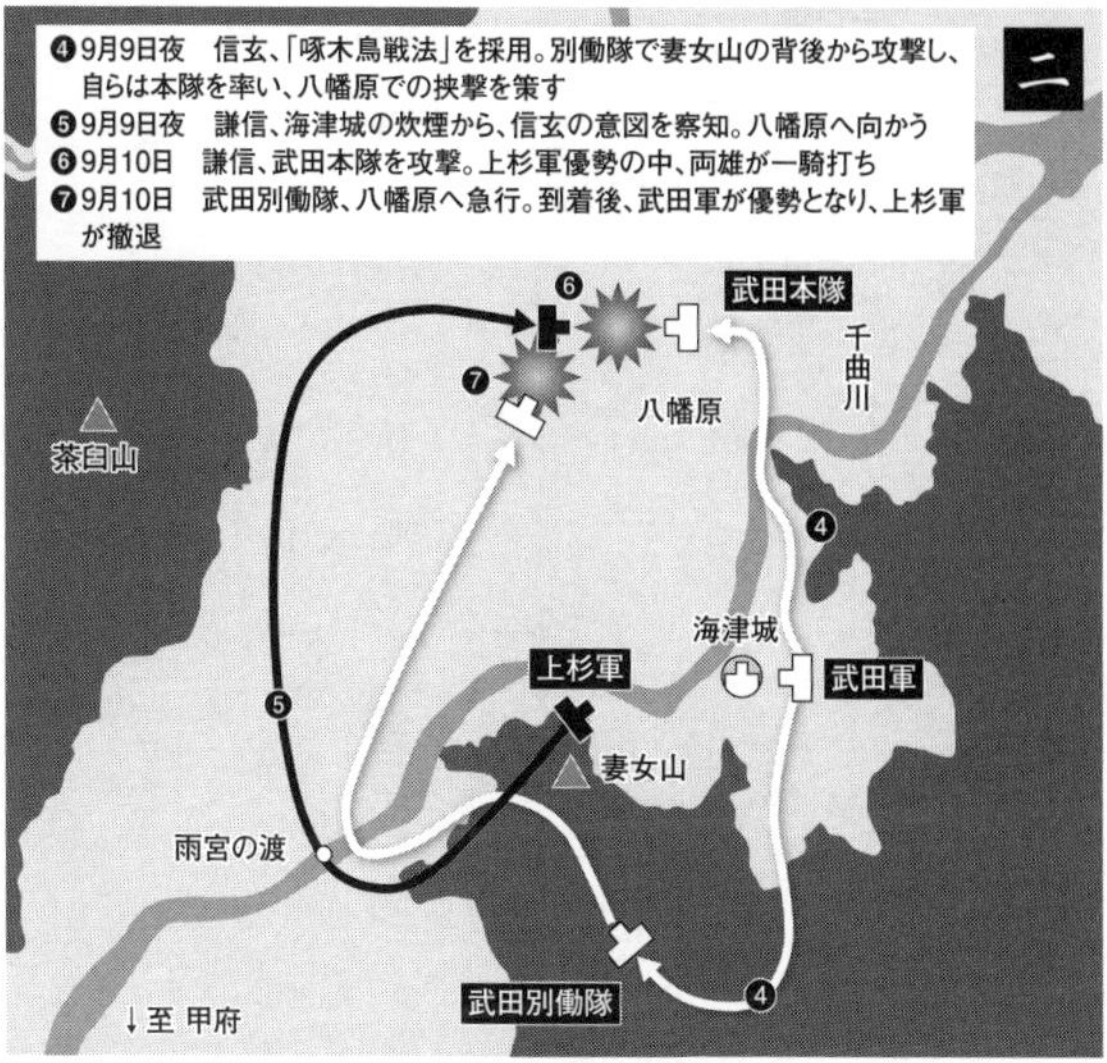

二
❹9月9日夜　信玄、「啄木鳥戦法」を採用。別働隊で妻女山の背後から攻撃し、自らは本隊を率い、八幡原での挟撃を策す
❺9月9日夜　謙信、海津城の炊煙から、信玄の意図を察知。八幡原へ向かう
❻9月10日　謙信、武田本隊を攻撃。上杉軍優勢の中、両雄が一騎打ち
❼9月10日　武田別働隊、八幡原へ急行。到着後、武田軍が優勢となり、上杉軍が撤退
武田本隊
千曲川
八幡原
茶臼山
海津城
武田軍
上杉軍
妻女山
雨宮の渡
武田別働隊
↓至 甲府

驚いて山を下りてきた上杉軍を、八幡原《はちまんばら》で待ち受ける八千の本隊で挟み撃ちにする作戦だ。

九月九日夜、武田軍は行動を開始。高坂昌信率いる別働隊が妻女山の裏にまわり、信玄自らは本隊を率いて八幡原に向かった。

明けて九月十日早朝。武田軍本隊は、別働隊に追われてくるはずの上杉軍を待ち構えていた。ところが霧が晴れたとき、目の前に現われたのは、隊伍《たいご》を整えた上杉軍であった。

前日、謙信は海津城の炊煙《すいえん》がいつもより多いことから武田軍の意図を見抜き、信玄と決戦すべく夜半密かに妻女山を下りていたのだ。そして、いわゆる「車懸りの陣」で、攻撃を開始。車輪状の陣形でぐるぐると回り、常に新手《あらて》で敵と戦うものをいう。出し抜かれた武田軍本隊は押しに押され、信玄の弟・信繁《のぶしげ》や山本勘助が討ち死に。そして乱戦の中、謙信が信玄本陣に突入し、両雄は一騎打ちに及ぶのである。

しかし午前十時頃、妻女山に向かっていた武田軍別働隊が八幡原に到着（前ページ図二）。これによって戦局が逆転し、謙信は兵を退《ひ》くこととなった。勝敗は「前半は上杉の勝ち、後半は武田の勝ち」とされ、ライバル同士の名勝負として語り継がれた。

史料があるのに、合戦の実像がわからない

こうした通説は、基本的には『甲陽軍鑑《こうようぐんかん》』（以下、『軍鑑』）に依拠《いきょ》している。江戸時代に甲州流《こうしゅうりゅう》軍学書として広く読まれ、それに様々な脚色《きゃくしょく》が加えられて、現在のような流れになったのだろう。

しかし『軍鑑』という史料がありながら、なぜ、合戦の実像がわからないのか。それはこの書が、極めて複雑な性質をもつからに他ならない。

江戸時代には権威を誇った『軍鑑』は、明治以降、「武田遺臣・小幡景憲《おばたかげのり》が後世、高坂昌信に仮託《かたく》して創作した偽書《ぎしょ》」などと批判に晒《さら》され、史料的価値がほとんど認められなくなった。内容に明らかな事実誤認があり、また山本勘助が架空の人物と見なされていたからだ。

ところがその後の研究で、『軍鑑』は再評価されつつある。国語学者・酒井憲二《さかいけんじ》氏により、戦国当時の言葉遣いが使われていることが判明し、さらに平成二十年（二〇〇八）に新史料が発見され、軍師か否《いな》かは別として、山本勘助の実在が確実となった。もはや

「後世の偽書」とはいえないのである。

ただし難しいのは、史実と合致《がっち》する部分がある一方で、やはり事実誤認もある点で、史料として使える部分と、そうでない部分がある。

第四次川中島合戦についていえば、武田信繁と山本勘助が討ち死にし、多数の死傷者が出たことは史実と符合する。しかし他の合戦と比べると両将の発給《はっきゅう》した感状が著《いちじる》しく少なく、細部までの虚実《きょじつ》を明らかにできない。

他にも、明確に不自然な部分があり、そのために『軍鑑』をベースにした通説に対し、今も様々な疑義《ぎぎ》が呈《てい》されているのが現状である。

謎が謎を生む諸説

特に疑問視されているのが、「啄木鳥戦法」だ。真夜中とはいえ、武田軍別働隊の動きを謙信に察知されないわけがない、信玄がそんな作戦を立てるだろうか、といった見方が古くからある。また、迂回ルートでは時間がかかりすぎるという指摘もある。

私も迂回ルートとされる道を実際に歩いたことがあるが、道幅が狭く、夜中に大軍が移動するのは困難だと感じた。また不自然なのは、武田軍本隊より別働隊の方が、人数が多い点である。これは明らかに合戦の常道《じょうどう》に反しており、啄木鳥戦法については再検証の余地があるだろう。

念のため付言《ふげん》すると、『軍鑑』は「啄木鳥戦法」という名称は使用しておらず、別働隊の攻撃ルートも明示していない。通説の啄木鳥戦法は、後世の解釈によって創作された可能性もあるのだ。

謙信の「妻女山布陣」も議論されている。敵勢力下の妻女山に布陣すれば、越後への退路を断たれる恐れがあり、謙信がそんな危地に赴《おもむ》くだろうか、というものだ。

また近年では、妻女山付近には武田方の城砦《じょうさい》群があり、「それらを攻略して、上杉軍が妻女山に布陣するのは困難」とする見方も出されている。妻女山後方には鞍骨《くらぼね》城、川中島西側には横田《よこた》城などの城砦があったという指摘である。

私が横田城跡を見た印象では、謙信が攻略できぬほどの城であったかどうかはわからなかった。一方、妻女山に登ると、当時つくられたものかはわからないが、曲輪《くるわ》を思わせる遺構もあり、妻女山布陣を完全には否定できないと感じた。

両軍の死傷者が約八千に及んだことも、疑問を呼んでいる。決戦の結果として、この数自体は妥当ではある。しかし『軍鑑』が記したとおりの白兵戦《はくへい》であれば、戦いの常識として、これほどの損害が出る前にどちらかが撤退するはずだというのである。そのため、両軍は行軍中、濃霧《のうむ》のために意図せずして衝突し、大混戦の中で死傷者を増やしたのではないか、という「不期遭遇戦《ふきそうぐうせん》」説もある。

これも史料では立証《りっしょう》できないため、何ともいい難《がた》い。ただ以前、私は旅行会社の企画で合戦当日（新暦の十月二十八日）に、川中島を訪ねたことがあるが、その日の早朝、川中島は深い霧で覆《おお》われていた。それを踏まえれば、霧の中の衝突は、可能性としては高いのかもしれない。

これら以外に、地元に残された伝承にも興味深いものがある。たとえば、両軍の激戦地とされる八幡原の西側には、両軍のいずれかが陣を構えたという。

そうなると、戦いの状況も異なる可能性が出てくる。また飯山《いいやま》市では、謙信側の勢力圏だったが、「上杉軍が逃げてきて、川に架《か》かる橋を切って落とし、武田軍の追撃を免《まぬか》れた」という伝承も残る。

こうして見ると、第四次川中島合戦がいかに謎に満ちた戦いかが、おわかりいただけるだろう。桶狭間の戦いや長篠《ながしの》・設楽原《したらがはら》の戦いも諸説あるが、それらに比べても、あまりにも全容が謎めいている。

ただ、戦いの実像がわからないとはいえ、第四次合戦で信玄と謙信が戦国最大級の死闘を演じたのは事実であり、その後も両者は戦い続けた。歴史に残る名勝負だが、あえて酷《こく》ないい方をすると、両者にとっては痛恨《つうこん》の戦いであった。激闘の間に、織田信長の台頭《たいとう》を許してしまったからだ。

仮に信玄と謙信が同盟、もしくは和睦していれば、戦国史は大きく変わったはずである。

一方で、どちらかが勝っていれば、その勝者が信長を圧倒していてもおかしくはない。そうすると、織田、豊臣《とよとみ》、徳川《とくがわ》と受け継がれた天下人の系譜《けいふ》が変わっていたかもしれないのだ。

川中島の戦いは単なる名勝負にとどまらず、日本史の流れを左右した、一大合戦といえるだろう。

長篠・設楽原の戦い

三段撃ちも勝頼愚将論も間違いだった⁉

「通説」は見直されつつある

天正《てんしょう》三年（一五七五）五月二十一日、三河・設楽原で武田軍と織田・徳川連合軍が雌雄《しゆう》を決するべく激突した。この長篠・設楽原の戦いについては、近年、「鉄砲の三段撃ち（一斉射撃）」はなかった、「戦国最強武田騎馬隊」は存在しなかったなど、通説の見直しが進んでいる。

まずは「三段撃ち」である。火縄銃を一発撃つには、熟練者でも二十秒から二十五秒はかかる。その間に攻撃されないため、織田信長は三千挺《ちょう》の鉄砲を千挺ずつ三列に備え、間断なく一列ごとに一斉《いっせい》射撃させたという。

だが、設楽原の地形では、千人が横一列に並ぶのは難しいうえ、千挺が号令一下一斉射撃するのは、現実問題として不可能に近い。また、鉄砲ごとに標的との距離が異なるため、千挺の一斉射撃は実戦的ではない。

これに対し、千人を横一列に配置したのではなく、鉄砲足軽《あしがる》を三人一組とし、三人が入れ替わり立ち替わり目前の敵を銃撃。もしくは、数人単位で三列となって射撃したという説が出されている。

また鉄砲の数についても三千ではなく、実際は千挺だったという説がある。「千挺」と記す史料も残るからだ。

その可能性もあるが、当時、他の大名も数百挺単位で鉄砲を所持していた。それを勘案すれば、織田軍の鉄砲が千挺というのは少なく感じられる。議論の余地はあるが、三千挺あってもおかしくはないだろう。いずれにせよ、信長が大量の鉄砲を用い、武田軍を通常より素早く銃撃したことは事実である。

では、攻める側の「武田騎馬隊」はどうか。「武田騎馬隊」というと、騎馬武者だけの集団攻撃が想起される。だが、実際の武田軍は徒歩《かち》武者が主力であり、その中に僅かな騎馬武者が交じるという軍団編成であった。甲斐・信濃は馬の名産地であるから、他大名より騎馬の比率が高かったかもしれないが、中心はあくまで徒歩武者である。

つまり長篠・設楽原の戦いは、従来語られてきたような、「鉄砲の三段撃ち」対「武田騎馬隊」という構図ではなかったのである。

では、長篠・設楽原の戦いとはいかなる合戦だったのか。その経緯《けいい》を丹念《たんねん》に辿ると、従来いわれているような、武田勝頼《かつより》が無謀《むぼう》な決戦を挑《いど》み、信長・家康連合軍が新戦術をもって圧勝したという単純な構図ではなかったことが見えてくるのである。

信玄の死がもたらしたもの

まずは戦国の巨星・武田信玄の死から見ていきたい。

長篠の戦いより三年前の元亀《げんき》三年（一五七二）、西上《せいじょう》の軍を挙げた信玄は破竹《はちく》の勢いで進撃し、三方ケ原《みかたがはら》の戦いで徳川家康を鎧袖一触《がいしゅういっしょく》した。ところが翌天正元年（一五七三）四月、病《やまい》を得て、信州駒場《しんしゅうこまんば》で帰らぬ人となる。

この死は家康と信長にとって、僥倖《ぎょうこう》以外の何ものでもなかった。信玄が生きてあれば、後の天下人《てんかびと》・家康など存在しなかったであろう。浅井《あざい》・朝倉《あさくら》氏や本願寺《ほんがんじ》など、反信長勢力による包囲網に苦しめられていた信長も、滅亡してもおかしくはなかった。

一方、にわかに苦しい立場におかれたのが、信玄の「後継者」勝頼である。国の内外に深刻な問題を抱《かか》えることとなったからだ。

『甲陽軍鑑』によると、信玄は「三年間は喪《も》を秘せ」と遺言《ゆいごん》したという。自分の死を知れば、周囲の敵が武田領に雪崩《なだ》れ込んでくると危惧《きぐ》したからだ。そのため、信玄自身は病と称し、勝頼にはその「陣代《じんだい》」、すなわち正統な後継者ではなく、あくまで「代理の当主」として、指揮を執らせようとしたのである。

勝頼は遺言を忠実に守ろうとし、「信玄は病」という立場を崩さなかった。とはいえ、誰もが武田の挙動に注目しているときである。家中《かちゅう》の変化は隠しおおせるものではなく、「信玄死す」の噂は瞬《また》く間に広がり、信玄の死を確信した家康により、天正元年九月には長篠城を奪取されている。信長・家康陣営の反攻が開始されたのだ。

それでも「勝頼は領国を堅く守っていればよかったではないか」という意見もあろう。だが戦国大名の地位というものは極めて脆《もろ》く、当時、家臣は、強いと見た大名に簡単に鞍《くら》替《が》えをした。

しかも、信玄の四男である勝頼は、諏訪《すわ》家の当主として養育された。つまり他家に出ていた人間が「陣代」とされたのだから、家臣を統制するのは難しかったはずだ。

信長と家康の反攻、そして一枚岩ではない家臣団。これらの問題を一挙に解決するためには、軍勢を動かし、内外に自分の威信《いしん》を知らしめるしかないと勝頼は考えたのであろう。武略に自信をもつ勝頼にすれば、一方では「父・信玄を乗り越えたい」という願いもあったに違いない。

では、己《おのれ》の威信を高からしめる最良の場所はどこか。勝頼が選んだのが、遠江・高天《たかてん》神《じん》城であった。この城は「高天神を制する者は遠江を制す」といわれる要衝《ようしょう》であるのみならず、かつて信玄がなかなか落とせなかったほどの要害《ようがい》だ。

なお、最近、三方ケ原の戦いの前に高天神城の小笠原氏助《おがさわらうじすけ》を降伏させたとする研究もあるが、氏助はすぐまた家康方にもどっている。

高天神城は、家康の本拠・浜松《はままつ》城の喉元《のどもと》に位置する。難攻不落だが、「落とせば時流を自分に呼び込める」と勝頼は決断を下したのだろう。

天正二年（一五七四）五月、勝頼はついに動き、二万五千の大軍で遠江・高天神城を包囲した。

信長の援軍はなぜ到着しなかったのか

長篠城を奪取した家康だが、勝頼の遠江出陣には対応に苦慮した。このときの家康の動員可能兵力は、およそ八千。三万以上を動員できる武田家とは、単独ではとても戦えない。信長の援軍を得て戦うことが、対武田の基本戦略であった。

ところが、信長の反応は鈍《にぶ》い。というよりも、動けなかった。前年に朝倉義景《よしかげ》と浅井長政《ながまさ》を滅ぼした信長ではあるが、その後は越前《えちぜん》、伊勢長島《いせながしま》など各地の一向一揆《いっこういっき》に悩まされ、援軍に赴ける状況ではなかったのである。

六月十七日、信長の来着《らいちゃく》を待たずに、城は落ちた。勝頼が猛攻を仕掛け、城主・小笠原氏助を降伏させたのである。このとき、信長は浜松城付近にまで援軍に来ていたが、城の陥落《かんらく》を知ると撤退した。

信長のこの動きは、わざと遅参《ちさん》したといわれることがある。だが、信長も家康との同盟は重視しており、家康を救うべく、やっとの思いで出陣したというのが、実際のところであったろう。

そしてこの高天神城の攻防戦が、長篠・設楽原の戦いに大きな影響を及ぼすこととなる。名将・信玄でさえ簡単には落とせなかった高天神城を攻略したことで、勝頼の武名は内外に鳴り響いた。勝頼も大いに自信を深めたに違いない。

一方、高天神城の陥落は、信長と家康の関係に大きな影を落とした。これまで、姉川《あねがわ》の戦いをはじめ献身的に織田家を助けてきた家康にとって、信長の援軍遅参は背信《はいしん》行為に等しく、許しがたかったはずだ。

「勝つための戦略」ではなく「絶対に負けぬための戦略」だった

高天神城を落として勢いに乗る勝頼は、翌天正三年四月、長篠城攻めを決意する。これは、徳川家に寝返って長篠城主となった奥平貞昌《おくだいらさだまさ》（のち信昌《のぶまさ》）を見せしめにするためのものとされる。

だが、この軍事行動にはより深い意味がある。家康の本拠・浜松城よりも西方にある長篠城を落とせば、家康と信長の連携を妨げることができる上、家康の威信も失墜《しっつい》する。つまり勝頼の長篠城攻めは、二重、三重の効果をもたらす、極めて有効な一手だったのである。

勝頼は、上杉謙信に備えるために兵一万を信濃に置き、自身は一万五千の大軍で出陣した。そして五月八日、武田軍は長篠城を包囲する。

対する籠城側は奥平貞昌率いる兵五百。当然、家康に援軍を要請する。だが家康とて、単独で武田軍と戦えば、敗北は必至だ。となれば、やはり信長に援軍要請するしかない。長篠・設楽原の戦いは、高天神城攻防戦と全く同じ展開を辿り始めたのである。

しかし、高天神城のときのように織田勢に遅参されては困る。そこで家康は驚くべきことに、信長への使者に「今度援軍に来なければ、武田方に寝返り、勝頼とともに尾張に雪崩れ込む」という恫喝《どうかつ》に等しい言葉を吐《は》かせたという。

これは『改正三河後風土記《かいせいみかわごふどき》』などの軍記物に書かれた逸話《いつわ》で、真偽は定かではない。だが、窮《きゅう》地《ち》に立たされた家康の心情と、信長と家康の緊張関係をよく表わしたものといえよう。この戦いはまさに、家康にとって存亡を賭《か》けた一戦だったのである。

一方の信長は、このときも、畿内《きない》の戦いに忙殺《ぼうさつ》されていた。とはいえ、今回ばかりは家康への援軍をしくじるわけにはいかない。また信長にとっても、防波堤《ぼうはてい》役の家康がいなければ、武田家の脅威《きょうい》にまともに晒される。つまり信長は、やむを得ぬ状況の中で出陣を決断しなければならなかったのである。

信長は五月十三日に岐阜《ぎふ》城を発し、十八日、家康とともに設楽原に着陣した。

そうなると、信長の用いた馬防柵《ばぼうさく》と大量の鉄砲は、全く別のイメージで見えてくる。

このとき、信長は武田軍一万五千に対し、倍以上の三万の軍勢を率いて出陣したとされる。家康軍八千と合わせれば三万八千の大軍だ。負けを許されぬ信長は、できれば圧倒的軍勢をもって勝頼を怯《ひる》ませ、戦わずに撤退させたかったはずだ。

しかし、もし勝頼が決戦を挑んでくれば、そのときは馬防柵と大量の鉄砲で武田軍の突撃を封じ、最後は何とか軍勢の数で勝利を得る算段ではなかったか。

つまり信長は、「勝つための戦略」というよりも「絶対に負けぬための戦略」として馬防柵と鉄砲を用いたのである。

信長が謀略で勝頼を誘き出した？

一方、連合軍の着陣を知った勝頼は、五月十九日に軍議を開いた。重臣たちは北方への撤退を進言するが、勝頼は決戦の断を下したとされる。これについて、勝頼はもともと連合軍主力を釣《つ》り出すために長篠城を攻めたのだとか、血気《けっき》に駆《か》られて決戦を逸《はや》ったとか、様々な説がある。

ただ、そもそも勝頼は捕《と》らえた敵の密使・鳥居強右衛門《とりいすねえもん》を使い、長篠城に「援軍は来ない」と叫ばせようとしている。つまり、早期に城を落とすことを作戦目的としていた。勝頼は城の攻略にこだわり、望まざる連合軍を迎えたというのが実状であった。

ではなぜ、勝頼は撤退ではなく、連合軍との決戦を選んだのか。

ここで注目したいのが、信長が謀略《ぼうりやく》を用いたという説だ。一説に信長は、重臣・佐久間信盛《さくまのぶもり》をつかって、勝頼に偽《いつわ》りの内応《ないおう》をもちかけさせたという。「武田軍が設楽原に現われれば、呼応して家康を攻撃する」というものだ。

真偽は定かではないが、連合軍は設楽原に鉄壁の布陣をしたものの、武田軍が攻めてこなければ、水泡《すいほう》に帰してしまう。信長はどんな手を用いても勝頼を設楽原に誘《おび》き出したかった。そのため、信長がこの種の謀略を駆使した可能性は否定できない。そして勝頼が内応を期待し、そこに勝機を見出《みいだ》したとしても不思議ではない。

決戦を選んだ勝頼は、長篠と設楽原の中間に位置する清井田《きよいだ》付近に兵を移動させた。十九日夜から二十日にかけてのことである。勝頼がなぜ清井田に軍勢を動かしたのか、その真意は、残念ながらわからない。いずれにせよ、何かしらの思惑《おもわく》をもって軍を移動させたことは間違いない。

ではなぜ勝頼は、万全の態勢で待ち受ける連合軍に突撃を開始したのか。

実は、武田軍の動きを好機と見た男がいた。徳川四天王《してんのう》の一人、酒井忠次《さかいただつぐ》である。

二十日夜、信長本陣で開かれた軍議で、忠次は長篠城への武田の押さえが拠る「鳶ケ《とびが》巣山《すやま》砦に奇襲を」と進言する。奇襲が成功すれば、城を救うとともに、武田軍主力の背後を衝くことにもなり、連合軍主力と挟撃《きょうげき》の態勢がとれるからだ。そうなれば武田軍主力が設楽原に進んでくる可能性は高い。

織田軍と共同でなければ武田軍と戦えない徳川軍としても、この策は武田軍だけではなく、織田軍を決戦に引き込む絶好の一手といえた。

さて、決戦当日の展開については諸説ある。一説に二十一日早朝、勝頼は奇襲部隊の動きに気づかぬまま、勝利を確信して連合軍への総攻撃を命じたという。ところが、武田軍の攻撃が始まったのと同じ頃に鳶ケ巣山砦が陥落。その報《しら》せに勝頼は退路を断たれたと焦《あせ》り、無謀な突撃を繰り返したというのだ。

だが、連合軍が大軍を擁《よう》し、馬防柵を築いて待ち受けていることは勝頼も十分把握していたはずだ。そこへ闇雲《やみくも》に攻撃することは考えにくい。

とすれば二十一日の夜明け頃、勝頼がまだ総攻撃を決めぬうちに、連合軍の奇襲部隊が鳶ケ巣山砦を攻略。さらに奇襲部隊が、合流した長篠城兵とともに清井田付近の武田軍主力を背後から圧迫したのだろう。

勝頼が連合軍主力への総攻撃を命じたのは、このときではないか。背後から奇襲部隊に圧迫されて退路を断たれた以上、勝機を見出すには、正面の連合軍主力を撃破するしかない。つまり勝頼は、前後を挟撃された末に、起死回生《きしかいせい》の策として設楽原へと進み、総攻撃することを決したのである。

武田軍の総攻撃が始まった。それは、勇壮な騎馬隊ではなく、背後に敵を抱えた徒歩武者主体の、死に物狂いの突撃であった。

もうこのときには、武田軍はすでに信長の描いた戦略に完全に陥《おち》っていた。連吾川《れんごかわ》周辺は水田地帯である。しかも田植え時で、水を張った状態だ。武田軍は泥田《どろた》に足を取られつつ、馬防柵に向かう。

信長と家康は、こうした条件も踏まえた上で、設楽原に布陣したに違いない。そして、突撃してくる武田軍を、連合軍の鉄砲隊が次々と銃撃していったのだろう。

戦いは織田と徳川の大勝に終わった。勝因は何といっても、連合軍が馬防柵を活用して精強武田軍の突進を防ぎ、さらに鉄砲で痛撃したことにある。その意味ではやはり、この戦いは戦術革命をもたらしたといえる。

だがもたらしたものは、それだけではない。ここで勝利を得たのち、信長は天下人への歩みを加速させていくこととなる。この勝利がなければ、勝頼は連合軍の脅威であり続け、信長の天下布武は大幅に遅れただろう。

勝頼、信長、家康が死力を振り絞《しぼ》ったこの戦いは、まさに「天下分け目」と呼ぶにふさわしい、戦国史の分水嶺《ぶんすいれい》だったのである。

本能寺の変

光秀は信長の非道を阻止するために決断した

諸説はどのように生まれたのか

戦国史最大の謎といわれる本能寺《ほんのうじ》の変。

明智光秀《あけちみつひで》はなぜ、主君・織田信長を討《う》ったのか。それについては、起きた当初から江戸時代を通じて、光秀の怨恨《えんこん》によるものと見られていた。

変当時の公家《くげ》たちの日記には、光秀への関与を匂わせる記述もあるが、彼らが黒幕であったとは考えられず、個人的恨《うら》みで謀反《むほん》に踏み切ったとされたのである。これは江戸時代に儒学《じゅがく》が浸透《しんとう》し、光秀が主殺《しゅう》しの悪人と捉えられた影響もあるかもしれない。

また、軍記物や歌舞伎《かぶき》で取り上げる際に、人情に訴える方が人気を呼ぶという事情もあっただろう。

怨恨説はその後も、明治時代を経て昭和の戦前まで続いていた。儒学の忠孝を重んじた教えが受け継がれており、さらには海外に出兵することが否定されていなかった時代の風潮から、大陸への進出も視野に入れていた織田・豊臣政権が肯定され、その敵である光秀は、否定される傾向にあったのである。

その流れが大きく変わったのは戦後に入ってからで、実は光秀も天下を取ろうとしたのではないかと、野望説が唱《とな》えられたのである。それにより、単なる個人的怨恨で謀反に走ったのではないと、光秀の人物像を見直す契機《けいき》となった。

しかし、それにしては謀反後の光秀の行動に計画性が乏《とぼ》しく、野望説への反論から、さらに様々な説が生み出されていった。衝動《しょうどう》的な犯行であったと見る突発説、精神を病《や》んでいたのではないかと見る神経衰弱《すいじゃく》説など、光秀の動機面が探られていった。

その一方で、光秀の背後に謀反に加担した人物がいたのではないかとする黒幕存在説も生まれた。

主なものとして、光秀の旧主人で反信長の旗手《きしゅ》であった将軍・義昭《よしあき》を黒幕とする「足利義昭黒幕説」、旧来の権威を否定する信長を朝廷が危険視したのではないかと捉える「朝廷黒幕説」、自らを神格化する信長をイエズス会が排除したと考える「イエズス会黒幕説」などがある。

他にも、本能寺の変によって最大の利益を得ることになった羽柴秀吉《はしばひでよし》や、のちに天下人になった徳川家康、信長政権に対抗した本願寺などの宗教勢力、信長から莫大《ばくだい》な矢銭《やせん》を課された堺《さかい》の商人たちなど、利害関係にあった様々な存在の名が挙がった。

近年では、光秀を足利幕府の奉公衆《ほうこうしゅう》であったとし、幕府再興を狙《ねら》う旧奉公衆たちが、足利義輝《よしてる》の落胤《らくいん》とする明智光慶《みつよし》（光秀の子）を将軍に据《す》えるために起こした、という説まである。いずれもミステリーとしては面白いが、状況証拠から都合よくストーリーがつくられている感があり、無理があることは否めない。

新史料の発見と四国問題

近年の研究の傾向としては、やはり光秀の単独犯行であるとし、動機面を探る方向に焦点《しょうてん》が移っている。その背景には、光秀の人物像が見直されてきたことがある。

怨恨・野望といった精神面から迫るのではなく、光秀が置かれた政治的状況や利害関係の解明から動機を探るという、より現実的、実証的な方向に進んだといえる。

その中で、近年クローズアップされているのが、光秀と四国の長宗我部《ちょうそかべ》氏との関わりである。

長宗我部元親《もとちか》は、四国を自由に攻め取る「切り取り次第」の約定《やくじょう》を信長と交《か》わしていた。ところが、天正十年（一五八二）三月に甲斐の武田氏を滅ぼし、後背からの脅威がなくなると、信長は豹変《ひょうへん》し、元親との約定を反故《ほご》にした。そして三男の信孝《のぶたか》らを四国へ侵攻させようとしたのである。

本能寺の変が起きたのはまさにその直前であり、光秀が元親の取次《とりつぎ》役だったことから、謀反の動機は四国問題にあるのではないかと見られているのだ。

これまでそれを示す史料は後世の編纂《へんさん》物しかなく、不明な部分が多かったが、近年、四国問題に関わる新史料が発見された（『石谷家文書《いしがいけもんじょ》』）。

具体的には、天正十年一月十一日付の、光秀腹心《ふくしん》の斎藤利三《さいとうとしみつ》が実兄の義父である石谷光政《みつまさ》に出した、元親に恭順《きょうじゅん》させることを訴える書状と、同年五月二十一日付の、元親が信長に恭順する意を示す利三宛の書状である。

これらによって、光秀・利三主従が四国問題に腐心《ふしん》していた状況が実証され、光秀謀反の一要因として、四国問題の重要性が高まった。

確かに四国問題は大きな要因であったとは思うが、私自身は、これが謀反を起こす決定的なものとは見ていない。光秀には他に譲れない問題があったと考える。すなわち信長の非道阻止《ひどうそし》である。

光秀は、本能寺の変直後の六月二日に書いたと思われる書状（西尾光教《にしおみつのり》宛）で、はっきりと、「信長父子の悪虐《あくぎゃく》は天下の妨げ、討ち果たし候《そうろう》」と記している。

その非道とは、

①信長による皇位簒奪《さんだつ》計画
②京暦《きょうれき》（宣明暦《せんみょうれき》）への口出し
③平姓《へいせい》将軍への任官
④太政大臣《だいじょうだいじん》近衛前久《このえさきひさ》への暴言
⑤正親町《おおぎまち》天皇から国師《こくし》号を授けられた快川紹喜《かいせんじょうき》の焼殺《しょうさつ》
⑥安土城に清涼殿《せいりょうでん》を模《も》した本丸御殿を造営

などであろう。

朝廷に対する信長の態度

まずは朝廷との関係だが、本能寺の変直前の信長と朝廷の関係は、良好とはいえなかった。というのも、信長は正親町天皇に誠仁《さねひと》親王への譲位《じょうい》を迫っていたからである。正親町天皇は方位の禁忌《きんき》を理由に拒絶し、譲位問題はうやむやになったが、信長は親密な関係にあった誠仁親王を天皇にすることで、朝廷を意のままにしようとしていた可能性もある。

次に暦の問題だ。

古来、日本では天皇が時を支配するものと考えられてきた。しかし信長は、朝廷の京暦（宣明暦）よりも、尾張地方の暦（尾張暦）が優《すぐ》れているとして、天正十年二月に、安土でそれぞれの制定者を対決させた。

これについて公家の勧修寺晴豊《かじゅうじはれとよ》は、「信長むりなる事とおのおの申すなり（信長が無理難題をいいだした）」と『晴豊公記』に記している。朝廷を困惑《こんわく》させる要求だ。

平姓将軍への任官は、朝廷を戦々恐々とさせた三職推任《さんしきすいにん》の問題と関係がある。

信長は天正五年（一五七七）に右大臣に任ぜられたが、翌六年に辞した後は官職に就《つ》いていない。国内最大の実力者が朝廷の秩序の外にあるというのは、朝廷からすれば大いなる脅威であっただろう。

なんとか信長を取り込みたい朝廷は、信長に征夷大将軍《せいいたいしょうぐん》、関白《かんぱく》、太政大臣の三職いずれかの官職を選ばせようとした。しかし、平姓を名乗る信長が将軍位に就くことは、美濃清和源氏《みのせいわげんじ》の名門・土岐《とき》氏の出身であった光秀にすれば、許し難いことだったのではないか。

そして、太政大臣の近衛前久に対する暴言も、信長が朝廷に威圧的な態度を取っていたことを雄弁《ゆうべん》に物語る。天正十年三月、武田討伐《とうばつ》の帰路で近衛前久が駿河への同行を望んだ際、下馬《げば》していた前久に対して、信長は馬上のまま「近衛、わごれなンどは、木曽《きそ》路《じ》を上《のぼ》らしませ」といい放ったと伝わる（『甲陽軍鑑』）。

また、この武田討伐では織田軍によって、光秀と同じ土岐氏出身の、恵林寺《えりんじ》（山梨県甲州市）の高僧・快川紹喜が、生きたまま焼き殺された。

光秀は、こうした信長の振る舞いに狂気を感じたことだろう。

さらに信長の居城・安土城にも、朝廷を困惑させた問題があった。

平成の発掘調査（一九八九〜二〇〇五年）によって、安土城の本丸御殿は内裏の清涼殿と瓜二《うりふた》つで、左右反転させた形であったことが明らかになった。内部は、狩野永徳《かのうえいとく》の風景画や、金の装飾がちりばめられた豪華さである。

実はこの建物は、天皇を安土に行幸《ぎようこう》させるために信長が用意したと考えられている。それを裏付けるのが、安土城の真《ま》っ直《す》ぐに延びる広い大手道《おおてみち》である。ふつう、大手道の入り口は防衛上の理由から一つであるのに対し、安土城では四つも設けられていた。

わざわざそうしたのは、身分によって使い分けるためであり、行幸を想定していたことがうかがえる。信長は平清盛《たいらのきよもり》の福原遷都《ふくはらせんと》に倣《なら》い、安土遷都を考えていたのかもしれない。

そしてそれ以上に大きな問題だったと思われるのが、天主《てんしゆ》の高さである。天主で暮らしていた信長は、本丸御殿への天皇の行幸があったとすれば、それを見下ろす形になる。これは、当時の感覚からすれば考えられないことであった。

こうした朝廷に対する信長の態度は、光秀が危機感を募《つの》らせるのには十分すぎるものだっただろう。

安土城の完成は天正七年（一五七九）以降で、天皇の譲位問題は天正九年頃から持ち上がったが、他の問題はいずれも天正十年の二月以降である。つまり本能寺の変が起こる前の数ケ月の間に、光秀は信長との「距離」を急速に感じ始めていたのではないか。

光秀は必ずしも勤王家《きんのう》ではなく、朝廷も黒幕として光秀を動かし、謀反を起こさせるほどの力はなかった。しかし光秀は有職故実《ゆうそくこじつ》に通じた教養をもつ上、近畿一円を統《す》べる立場で朝廷との結びつきが深く、正親町天皇から直接恩賞《おんしょう》を下賜《かし》された経験もあり、心情的には朝廷や公家に近いものがあった。

謀反後、朝廷に信長討伐の公認を取りつけていることからも、私は光秀が天下のための義挙《ぎきょ》として謀反を行なったと考えている。こうした主要因に加えて、四国問題が後押しする形となり、光秀は謀反に踏み切ったのではないだろうか。

ともあれ、本能寺の変研究は、今後、再検証が重ねられることで、さらなる真相が浮かび上がってくるに違いない。

関ケ原の戦い

当時の価値観から見る武将たちの出処進退

なぜ日本を二分する戦となったのか

慶長五年（一六〇〇）九月十五日、西軍八万四千、東軍七万四千が関ケ原《せきがはら》で激突した。決して広くはないこの地に、東西合わせておよそ十六万の軍兵《ぐんぴょう》たちがひしめいたのだ。耳をつんざく鉄砲斉射《せいしゃ》の轟音《ごうおん》。こだまする将兵たちの雄叫《おたけ》び、そして馬の嘶《いなな》き……。死闘につぐ死闘を繰り広げる陣があれば、去就《きょしゅう》を明らかにせぬまま不気味な沈黙に包まれた陣もある。想像を絶する凄絶《せいぜつ》な空気が、その場には流れていたはずだ。

戦いの舞台は関ケ原ばかりではなく、全国各地で東西に分かれた戦いが繰り広げられた。まさに日本を二分する、天下分け目の戦いであった。

判断を過《あやま》てば、己《おのれ》の命運も、家の命脈も尽きかねない。武将たちは皆、魂《たましい》が震《ふる》え上がるような決断を迫られていた。

諸将ばかりではない。東軍、西軍をまとめる徳川家康、石田三成《いしだみつなり》の両者にとっても、決して勝ちが約束された戦いではなかった。彼らも渾身《こんしん》の決断のもとに、この戦いに臨《のぞ》んだのである。

では、なぜ天下を二分する戦いが起きたのか。その要因は、秀吉の晩年に遡る。

天正十九年（一五九一）に名補佐役だった弟の秀長《ひでなが》が没して以降、豊臣秀吉は「暗黒事件」ともいうべき数々の愚行《ぐこう》を重ねていた。千利休《せんのりきゅう》の切腹、朝鮮出兵、関白豊臣秀《ひで》次《つぐ》処断などの不祥事《ふしょうじ》が繰り返されたのである。

そんな晩年の秀吉を支えていたのが石田三成であった。

三成は、江戸時代でいえば側用人《そばようにん》のような立場におり、側近の中でも飛び抜けた存在であった。とはいえ、三成は堕落《だらく》していたわけではない。三成には、自分が汚れ役《よごやく》になってでも豊臣家を守り抜こうという「義の心」があった。

しかし、「今までの秀吉様と違う」と不安を掻《か》き立てられた豊臣恩顧《おんこ》の家臣は、三成の真意を知らぬまま、三成こそが「暗黒事件」の黒幕であろうと見なした。秀吉の不祥事は、豊臣政権に深い亀裂《きれつ》を生じさせていたのである。

そして慶長三年（一五九八）、秀吉は死去する。その直前、秀吉は家康に次のような言葉をかけ、幼少の秀頼《ひでより》の後見《こうけん》を託《たく》した。

「秀頼のことだけが気がかりである。秀頼が国政を執るにふさわしくなるまでの間、家康殿に国政を委《ゆだ》ね安全を期したい……」

だが三成には、家康を後見役にせずとも、自分を中心とした豊臣政権の形でやっていける自負心があった。秀吉によって天下は統一されたのだから、豊臣家の世襲《せしゅう》が当然――それが三成の考えだった。

片や、家康からすれば「天下はまわりもち」であった。織田信長の死後、その子どもたちを押しのけて秀吉が政権を打ち立てた姿を、家康は目《ま》の当《あ》たりにしている。しかも豊臣政権は分裂し、一触即発《いっしょくそくはつ》になっている。とても「乱世が終わった」とはいえない。実力あるものが天下に号令せねばならない――家康はそう考えたのであった。

翌慶長四年（一五九九）閏《うるう》三月に、五大老の一人で調停役も務めていた前田利家《まえだとしいえ》が没すると、豊臣政権内の対立はさらに先鋭化《せんえいか》する。

加藤清正《かとうきよまさ》、福島正則《ふくしままさのり》、黒田長政《くろだながまさ》ら秀吉子飼《こが》いの七将が三成を襲撃《しゅうげき》したのである。朝鮮出兵の論功《ろんこう》などを巡《めぐ》り、三成への反発が昂《こう》じた結果だった。三成は何とか逃《のが》れたが、騒動《そうどう》の責《せき》により、居城・佐和山《さわやま》城にて蟄居《ちっきょ》することとなる。

慶長五年（一六〇〇）、家康は五大老の一人、上杉景勝《うえすぎかげかつ》に謀反の嫌疑《けんぎ》をかけた。そして、秀頼の命を受けた形を取って六月十八日、伏見《ふしみ》城を発して上杉征伐《せいばつ》に向かう。

これは、三成の挙兵を促《うなが》す誘い水であり、三成を叩《たた》くことで一気に天下を掌握《しょうあく》しようという大博打《おおばくち》でもあった。

三成もこのタイミングを見計らっていた。家康が畿内を離れた間に挙兵し、畿内を掌握した上で、家康と決戦しようと企図《きと》したのである。

七月十二日、三成、大谷吉継《おおたによしつぐ》、安国寺恵瓊《あんこくじえけい》らが集まり、五大老の一人・毛利輝元《もうりてるもと》を総大将として決起することを決定。家康の罪状を十三ケ条に列記した「内府《だいふ》ちがひの条々《じょうじょう》」を発し、さらに恩賞も約しつつ、諸大名に訴《うった》えかけた。

一方、家康は上杉征伐に向かう途上で三成の挙兵を聞き、七月二十五日に下野《しもつけ》国小山《おやま》で評定《ひょうじょう》を開く。ここで福島正則が、「奸臣《かんしん》三成を討つため、家康殿と一緒に戦う」と発言。諸将のほとんども家康に従うことを表明する。

その後、家康は江戸に戻り、以後一ケ月で全国の諸将宛《あて》に「味方につけば恩賞を約束する」という内容の膨大《ぼうだい》な量の手紙を送る。

三成方（西軍）につくか、家康方（東軍）につくか——全国の諸将は決断の淵《ふち》に立たされることになったのである。

東軍に与せし者、西軍に賭けし者

このとき、東西どちらにつくかの決断を巡って、様々なドラマが生まれることになる。

先に三成を襲撃した秀吉子飼いの七将は東軍に与したが、中でも黒田長政は福島正則への説得役や、小早川秀秋《こばやかわひであき》・吉川広家《きっかわひろいえ》への工作を担当するなど積極的に家康を支えた。

長政が東軍に回った理由の一つは、父の如水《じょすい》（官兵衛《かんべえ》）が長年秀吉を支えながら、豊前中津《ぶぜんなかつ》十二万石という低い石高《こくだか》で冷遇《れいぐう》されたことであった。長政自身も朝鮮出兵の際、三成の縁者《えんじゃ》の讒言《ざんげん》で秀吉から譴責《けんせき》されている。

三成が実権を握れば、もはや黒田家の発展は望めない。ならば、家康の勝利に家名の興隆《こうりゅう》を賭けようという必死の決断であった。

長政ほどの武将であれば、ここで家康が勝てば、天下は豊臣家の手から離れることが見えていたはずだ。藤堂高虎《とうどうたかとら》や細川忠興《ほそかわただおき》らも、同様に徳川家の天下をつくるという明確なビジョンをもって東軍に身を投じていた。

その点、福島正則や加藤清正らの思惑は微妙に違っていた。彼らは君側《くんそく》の奸《かん》・三成を叩けばよかった。必ずしも徳川の天下をつくるという意識はもっておらず、あくまで豊臣家の天下を持続させるつもりでいたのである。

一方、西軍に与した大名たちの多くは、「これ以上、家康の専横《せんおう》を許せば、豊臣家の将来はない」と考える、豊臣恩顧の意識が強い大名たちだった。

秀吉の養女を正室にした秀吉の一門衆《いちもんしゅう》であり、五大老の一人ともなった宇喜多秀家《うきたひでいえ》も、断じて豊臣家を守る覚悟でいた一人である。

不運にも、関ケ原前夜に御家騒動《おいえそうどう》が起こり、重臣たちが退去して戦力が大幅に低下してしまうが、秀家の戦意は衰えず、明石掃部《あかしかもん》（全登《てるずみ》）を執政《しっせい》として軍の再編を図《はか》り、西軍の中核部隊として奮戦していくこととなる。

とはいえ、豊臣恩顧といっても、親世代と子ども世代で対応が分かれる側面もあった。蜂須賀《はちすか》や九鬼《くき》、真田《さなだ》なども、秀吉と縁深《えんぶか》い親は西軍につき、秀吉との関係が浅い息子世代は、東軍につく決断をしている。

西軍の総大将となった毛利輝元の足下《あしもと》でも、決断が分かれた。安国寺恵瓊らによる西軍支持に吉川広家が反対し、毛利家の安泰《あんたい》を固守《こしゅ》すべく、東軍への接近を図ったのである。

当時の武士は、「家名存続」という重い使命を担《にな》っていた。のみならず、付き従う家臣の命をも預かっている。その意味で、家名存続のために最善の手を尽くした、黒田長政や吉川広家らの決断は見事であった。

誤解してはならないのは、家康の勝利は決して自明のものではなかった、ということだ。長政や広家は、家康に与する以上、ぜひとも家康を勝たせなければならない。そのために、できうる限りの手を打った。

そうした結果、広家が陣を置いた西軍の南宮山《なんぐうさん》部隊は、静観することで毛利軍の動きを封じ、松尾山《まつおやま》の小早川秀秋は東軍へ寝返った。長政や広家の働きがなければ、関ケ原の結果は大きく変わっていただろう。

一方で、あくまで友への「信義」を貫《つらぬ》いた武将もいた。代表例が大谷吉継である。

彼は上杉征伐に向かう道すがら、三成の居城に寄り、そこで三成から家康打倒計画を打ち明けられる。吉継はその不利を説き、三成の軽挙妄動《けいきょもうどう》を必死で諫《いさ》めた。だが三成の意志は固い。一度は、三成を振り切ろうとした大谷であったが、友のために共に戦う決断を下し、佐和山城に引き返す。

また、吉継の与力《よりき》であった平塚為広《ひらつかためひろ》も、吉継が起《た》つのであればと、日頃から敬愛する吉継と生死を共にすることを決断したのであった。

不利とはいえ、大谷吉継と平塚為広も、決して勝負を捨てたわけではない。三成に与する以上、勝利をつかむべくあらゆる手を打ち、関ケ原では寝返った小早川の大軍を、寡兵《かへい》ながら押し返すという恐るべき奮戦を見せるのである。

当時、「家名存続」のために強者に与することは、決して非難されるものではなかった。その中で、あえて友のために起ち、しかも勝つために死力を尽くした大谷吉継と平塚為広の決断は、一際《ひときわ》輝きを放つものといえよう。

家康と三成、その決断と力量

天下分け目の戦いに臨んだ武将たちの決断を、後世の価値観でのみ判別しようとしたら、彼らの想いは断じて汲《く》み取れないだろう。

この時代の武士たちが大切にした価値観。それは「名を惜しむ」ということであった。

合戦に至るまでの決断、そして合戦での一挙手一投足《いっきょしゅいっとうそく》の中で、遺憾《いかん》なく自らの「矜持《きょうじ》」や「力量」を示し得た者の「名は残る」。多くの武将たちは、そうありたいと願った。関ケ原の戦いでも、先に挙げた武将たちをはじめ、「名を残した」者たちが数多くいる。

逆に、当時の武士たちにとって最も忌《い》まわしいのは、「力量不足」と評価されることであった。

典型的なのは、事前の根回しなしに寝返ったり、日和見《ひよりみ》で決断を下せぬような態度である。同じ寝返りでも、事前に意を通じていれば、非難される筋合《すじあ》いのものではなかった。

東軍に寝返った武将でも、事前に家康と意を通じていた小早川秀秋や脇坂安治《わきざかやすはる》らは所領を安堵《あんど》されているが、それなしに寝返った赤座直保《あかざなおやす》や小川祐忠《おがわすけただ》は改易されている。

三成や家康も、同じ価値観の中に身を置いていた。三成を評価しない人の中には、「愚《おろ》かにも負けるとわかっている戦いに突っ込んだ」と評する向きもあるが、それは正しい見方とはいえない。三成はあくまで勝算を立てて挙兵しているのである。

そもそも家康と三成とでは、石高も二百五十五万七千石に対し十九万四千石と大きな差がある。勢力基盤が隔絶《かくぜつ》しており、しかも、戦績《せんせき》も武名《ぶめい》も断然、家康が上である。

にもかかわらず、蟄居という境遇から挙兵して、短時日のうちに天下を二分するほどの一大勢力を結集し、東軍と互角の陣立《じんだ》てで家康に真《ま》っ向《こう》勝負するまでに持ち込んだ三成の「決断」と「力量」は、実に見事なものであった。

一方の家康も、決して勝ちが確実な状況ではなかった。徳川譜代《ふだい》の精強部隊三万八千を息子の秀忠《ひでただ》に預けて中山道《なかせんどう》を西上させたが、途中、真田昌幸《まさゆき》との上田城での戦いに時間を取られ、秀忠軍は関ケ原での戦いに遅参してしまう。

虎《とら》の子《こ》の軍勢を欠く状況下、いくら吉川広家や小早川秀秋などへの工作を展開していたとはいえ、西軍が待ち構えているど真ん中に突っ込んでいくのは、生きるか死ぬかの勝負に出る決断がなければ、不可能であったはずだ。

また、予想に反して西軍が善戦して東軍が押され気味になると、むしろ自陣を桃配《ももくばり》山《やま》からさらに敵中へと前進させた気迫《きはく》は、さすがに歴戦《れきせん》の強者《つわもの》の面目躍如《めんぼくやくじょ》といえる。

勝敗の読めぬ状況で、自らの信念を貫徹《かんてつ》し、見事な出処進退を見せた武将たちの姿は、実に魅力に富んでいる。

もしあのとき、あの局面に立っていたら、私たちは果たして「名を残す」ような判断を下せるか——男たちの決断の積み重ねで繰り広げられた戦いを、当時の視点で見つめ直せば、また違った「関ケ原」が見えてくるはずだ。

大坂の陣

家康の思惑、そして江戸時代に遺ったものとは

敗者復活に賭けた男たち

敗者として、このまま生き続けるのか。あるいは、僅かな望みにすべてを賭けて、再び戦うべきか――。

慶長十九年（一六一四）十月、徳川方と大坂《おおさか》方の手切れに伴い、大坂城に入ったのは、後者を選んだ男たちであった。

真田信繁《のぶしげ》（幸村《ゆきむら》）、後藤又兵衛《ごとうまたべえ》、長宗我部盛親《もりちか》、毛利勝永《かつなが》、明石全登らを筆頭とする浪人たちである。

彼らの多くは、慶長五年（一六〇〇）の関ケ原の戦いで敗《やぶ》れた者たちだ。

関ケ原後、真田信繁は高野山《こうやさん》に流され、長宗我部盛親は土佐《とさ》一国を没収される。

また、毛利勝永は土佐・山内《やまうち》家の預かりとなり、明石全登は仕えていた宇喜多家を取り潰《つぶ》された。

後藤又兵衛は関ケ原での勝ち組であったが、主君の黒田長政と折り合いが悪く出奔《しゅっぽん》。以降、長政の妨害により、他家に仕官することができなくなっていた。

このような境遇を味わったのは、彼らだけではない。関ケ原後、取り潰された大名家は約九十家にものぼり、かなりの数の浪人が生まれたことは間違いないだろう。帰農して豪農として生き延びる者もあったが、中には長宗我部盛親のように、寺子屋《てらこや》の師匠として糊口《ここう》をしのぐ者もいた。

もちろん、再び武士になろうと、他家に仕えようとした者もいたが、それは狭き門であった。世の大勢《たいせい》が決まってくると、これ以上領地がふえず、各大名家は新たに人を雇わなくなるからである。

つまり敗れた者たちにとって、関ケ原後の世情《せじょう》は、身の置き場がほとんどなかったのだ。

そして、関ケ原から十四年。豊臣家が浪人を募《つの》り始めたのは、彼らにとって、復活を期した最後のチャンスに見えたに違いない。

かくして大坂城に集《つど》ったのは、十万にもおよぶ男たちであった。豊臣家の直臣《じきしん》たちを含むにしても、それだけの人数が集まったのは、驚くべきことだろう。

豊臣家に莫大な財力があったということでもあるが、それほどの数の男たちが、大坂の陣に再起を賭けていたのである。

豊臣家を滅亡させるつもりはなかった？

しかしなぜ、大坂の陣が起きたのか。それは、徳川家康の考えによるところが大きい。

そもそも関ケ原の戦いで、家康は完全なる天下人になったわけではなかった。戦いによって、宇喜多秀家ら五大老が滅亡ないし完全に力を失い、家康の独裁体制ができ上がったのは間違いない。しかし家康の立場は、依然《いぜん》として豊臣政権の枠内にとどまっており、「天下の家老」という位置づけであった。

実力はナンバーワンでありながら、政治的立場でナンバーツーだったわけで、豊臣秀吉の子・秀頼が成人に近づくほど、家康の立場は揺らぐ。

そこで慶長八年（一六〇三）二月、家康は政権簒奪《さんだつ》のためにまず、征夷大将軍に就任する。以降、家康の方から秀頼に対面することはなくなった。

しかし、大坂方の情勢認識には、甘さがあった。その年の七月、家康の孫・千姫《せんひめ》が、秀頼のもとに嫁《とつ》いできたからだ。この婚姻《こんいん》は、生前に秀吉が家康に頼んだもので、約束が実行されたことで、大坂方は「家康は、故秀吉との約束を守る」と錯覚《さっかく》してしまったのだろう。

だが、その二年後の慶長十年（一六〇五）、家康は子の秀忠《ひでただ》に将軍職を譲る。これは、「政権は徳川家が世襲する」という宣言にほかならず、豊臣家に対する最後通牒《つうちょう》に等しい。

もっとも、家康は当初、豊臣家を滅亡させようとまでは考えていなかっただろう。孫が嫁いでいることもあり、一大名として残すつもりだったのではないか。

しかし慶長十二年（一六〇七）、豊臣家は幕府からの駿府《すんぷ》城の手伝い普請《ぶしん》を黙殺。さらに慶長十五年（一六一〇）、名古屋城築城の天下普請も、秀頼の生母・淀殿《よどどの》が激怒して断っている。

こうした特殊な地位の大名家を残していいものか、家康も思案したことだろう。

転機となったのは、慶長十六年（一六一一）、二条城《にじょう》における秀頼との会見と思われる。

このとき、家康は七十歳。対する秀頼は十九歳。立派な体軀《たいく》を備えた若者に成長し、しっかりとした受け答えをする秀頼に対し、家康は不安を抱いたはず。自分はあと数年で世を去る。そして、秀頼がそのまま成長すれば、やがて関白となり、関白政権を復活させるのではないか……。

慶長十九年、家康は豊臣家を追い詰めるための口実をつかむ。方広寺《ほうこうじ》の鐘銘《しょうめい》に「国《こっ》家安康《かあんこう》」という、家康の名を分断する文字が見つかったのである。

徳川方は、これを受けて大坂方を問い詰め、大坂方は片桐且元《かたぎりかつもと》が弁明に当たる。このとき、徳川方は、淀殿が人質《ひとじち》として江戸に入ることなど、三つの条件を出し、いずれかに応じるよう求めた。

家康は、このどれかを呑《の》めば、豊臣家を残すつもりだったかもしれないが、意地の悪い見方をすれば、豊臣家が呑みにくい条件を出して、さらに追い詰めたと見えなくもない。

そして家康の狙いどおり、豊臣家はこの挑発に乗ってしまう。徳川方との戦いを決意し、全国に檄文《げきぶん》を飛ばしたのである。豊臣恩顧の大名が立ちあがることを期待してのものだったが、案に相違して、応じる大名は一人もいなかった。

その代わりに続々と集まってきたのは、再起を賭けた浪人たちだったのである。

大坂方の壮烈な戦い

大坂の陣の流れについて、おおまかに辿っていこう。

慶長十九年十月、徳川方が二十万の大軍で大坂城に向けて進軍し、冬の陣が始まった。

対する大坂方は十万。浪人衆は、真田信繁を筆頭に出撃策を訴えたが、大野治長《おおのはるなが》ら直臣たちの反対により、籠城策と決した。

十一月二十六日の鴫野《しぎの》・今福《いまふく》の戦いでは、大坂方の後藤又兵衛と木村重成《きむらしげなり》が出撃し、佐竹義宣《さたけよしのぶ》と上杉景勝を相手に互角に戦っている。また、十二月四日から始まった真田丸での攻防戦では、真田信繁が見事な作戦で大勝を飾った。

こうした大坂方の善戦を受け、家康は大坂城天守をめがけて大砲を打たせた。これによって、淀殿の居間の櫓《やぐら》を打ち崩すなどして、大坂方を不安に陥《おとし》いれた。

これを機に、徳川方は和議をもちかけた。その条件は大坂城二の丸、三の丸、惣構《そうがま》えを破却《はきやく》することであった。

大坂城は天正十一年（一五八三）の築城以来、数十年もかけて拡張してきた城だ。大坂方は、堀を埋めるのにも数年はかかり、その間に、家康の死が訪れるのではないかと、甘い期待を抱いたのではないか。だから、和議に応じたのだろう。

ところが徳川方は、大坂の町家を壊すことまでして、猛烈な勢いで堀を埋めてしまったのである。

和平は長くは続かなかった。元和《げんな》元年（一六一五）三月、大坂方の不穏《ふおん》な動きが伝えられると、徳川方は大坂方に、大坂城退去や浪人放逐《ほうちく》などの厳しい条件を突きつけた。

大坂方は四月二十六日、大野治房《はるふさ》らが大和 郡 山《やまとこおりやま》城を攻め、戦う姿勢を示す。これによって、大坂夏の陣が始まった。

徳川方は十五万。対する大坂方は、五万五千。勝ち目はないと見た浪人衆が去ったことで数が減ったのだろう。それだけに、残ったのは、すでに死ぬ覚悟ができている者たちであった。

両軍は、四月二十九日の樫井《かしい》の戦いで本格的に衝突し、大坂方の先陣・塙団右衛門《ばんだんえもん》が討ち死にする。

五月五日、徳川方は河内《かわち》方面と大和方面から進軍を開始。対する大坂方は、大和からくる徳川方を、道明寺《どうみようじ》付近で迎撃《げいげき》しようとした。

しかし迎えた五月六日、徳川方の進軍は予想よりも早く、勇将・後藤又兵衛は激戦を繰り広げたうえ、壮烈《そうれつ》な討ち死にを遂《と》げる。

またこの日、河内方面からくる徳川方を迎撃しようとした木村重成が、八尾《やお》・若江《わかえ》で藤堂高虎、井伊直孝《なおたか》と激戦を繰り広げた末、討ち死にした。

これによって、大坂方は翌日が最後の戦いになると覚悟したことだろう。残された真田信繁と毛利勝永は、徳川家康の首だけを狙う作戦に出る。天王寺口《てんのうじぐち》方面で徳川方を迎えうち、特に信繁は三度、家康本陣に迫ったという。

それは、家康の旗本《はたもと》を突き崩すほどの猛攻だったが、衆寡敵《しゆうかてき》せず、信繁は討ち取られた。そして五月八日、大坂城は火に包まれ、豊臣秀頼は自害《じがい》。毛利勝永もそのあとを追ったのであった。

武士としての「あるべき姿」

大坂の陣はかくして終わりを迎えたが、日本史においては、二つの意味があったと思う。

一つは、この戦いにより、平和な時代が訪れたということである。

大坂の陣というと、家康はどうしても敵役《かたき》として語られがちだが、幕末に至るまでの二百五十年もの間、戦乱のない世をもたらした事実は、見逃すことはできない。これは世界史上でも、稀有《けう》な平和といえよう。

もう一つは、江戸時代の武士に、「武士とは何か」を伝える契機となったことである。敗れたとはいえ、真田信繁をはじめとする大坂方の武士たちの戦いぶりは見事であった。

徳川方の大久保彦左衛門《おおくぼひこざえもん》は『三河物語』に、「家康の本陣が崩れたのは、三方原《みかたがはら》以来のこと」と書き残し、また島津忠恒《しまづただつね》も「真田日本一《ひのもといち》の兵《つわもの》」と記している。敵方から見ても、賞賛《しょうさん》すべき戦いぶりだったのである。

特に、夏の陣で大坂方に残って戦った者たちは、ある程度、負けを覚悟していたに違いない。彼らは、秀頼とともに大坂城を枕に討ち死にすることこそ、武士の最期《さいご》として最も輝かしいという意識をもっていたのだろう。

そうした筋の通った生き方は、江戸時代という平和な時代を迎えたからこそ、かえって武士たちから「あるべき姿」として憧憬《しようけい》されるようになり、ある種の武士道精神ともいうべきものを培《つちか》っていく。

関ケ原で敗れ、大坂の陣でも敗れた彼らだが、その筋の通った姿は、後世まで語り継がれたのである。

戦国余話 二

戦国の最後を飾る忍城攻防戦

本拠が落ちても戦い続けた城

戦国時代最後の合戦は何か。その問いに、多くの人は関ケ原の戦いや大坂の陣を挙げることだろう。しかし歴史家の中では、天正十八年（一五九〇）の豊臣秀吉による小田原攻めがそれにあたるという見方がある。

秀吉が関東の覇者《はしゃ》・北条氏を滅ぼした一戦が、なぜ戦国最後の戦いなのか。その理由は後で述べるが、この戦いで、極めて異例ともいえる攻防戦を繰り広げた城があった。それは、北条方の忍城《おしじょう》（埼玉県行田市《ぎょうだし》）である。

忍城攻防戦が興味深いのは、北条氏の本拠である小田原城が降伏開城した後も、孤《こ》城《じょう》となりながら攻防戦を続けたことにある。通常、本拠が落ちれば、支城も開城するものだが、忍城はそうしなかった。これは戦国時代において稀有な例といえる。

なぜ、忍城は戦い続けたのか。またこの攻防戦にはどんな意味があったのか。まずは、小田原攻めの経緯から見ていくことにする。

天正十年（一五八二）、本能寺の変で信長が横死《おうし》した後、秀吉は畿内を勢力下に置き、その後継者としての地位を固めていった。

天下統一を目指す秀吉は、天正十三年（一五八五）に四国の長宗我部元親を、天正十五年（一五八七）には九州の島津義久《よしひさ》を降《くだ》し、西日本を平定。残るは東国のみとなった。そして東国において最大勢力を誇り、統一の障害となっていたのが、小田原の北条氏《うじ》政《まさ》・氏直《うじなお》親子である。その勢力は、関東一円に及ぶ強大なものであった。

当初、秀吉は北条氏を平和裏に降すべく、外交交渉で帰順《きじゅん》を働きかけていた。ところが北条氏は、秀吉に靡《なび》こうとしなかった。

やむを得ず、秀吉は武力行使を決意。そして天正十七年（一五八九）、北条氏が真田氏の名胡桃《なぐるみ》城を奪取したことを口実に、秀吉は諸大名に出陣を命じたのである。総勢二十二万とも号する、日本史上空前の大軍であった。秀吉にとって小田原攻めは、単に北条氏を降すためのものではなかった。

この機会に、東国諸大名に武威《ぶい》を見せつけ、一気に天下統一を果たす目論見《もくろみ》だったのである。そのため、豊臣政権への臣従《しんじゅう》を明確にしない伊達政宗《だてまさむね》ら東国大名に小田原への参陣を命じており、拒絶した大名家はのちに取り潰している。

一方、北条氏は五万以上の兵を動員し、徹底抗戦の構えを見せた。関東に張り巡らされた支城網で豊臣方の攻勢をしのぎ、天下の巨城・小田原城に拠って、秀吉を撤退に追い込もうとしたのである。

こうした北条氏の抗戦を、〝天下統一に向かう時代の流れが読めていない〟と否定的に見る向きがあるが、大きな誤解というべきだろう。小田原攻めの少し前まで、東北の伊達氏、関東の北条氏、東海の徳川氏、四国の長宗我部氏、九州の島津氏と、各地に有力大名が割拠《かっきょ》していた。

中でも北条氏は関東制覇を目指し、その圏内で独自の政策を実施しており、それは現代における地方自治といっていい状態だった。そして一時期、徳川家康と伊達政宗は、そうした北条氏と同盟し、秀吉と対抗していたのである。

そのため、豊臣政権のような並外れた勢力が生まれなければ、日本は統一国家とならず、北条氏のような地方政権が並立する、分権国家になる可能性があった。

つまり小田原攻めは、日本が分権国家から統一国家に舵《かじ》を切る、歴史的な転換点といえる。

また、この戦いの少し前までは実力次第で領地を切り取ることができた。こうした実力主義こそ戦国的価値観であったが、小田原攻めによって天下統一が成って以降、他人の領地を侵《おか》すことは、豊臣政権によって、〝私戦《しせん》〟として禁じられた。

一方、秀吉死後に起きた関ケ原の戦いの主眼は個々の領地争いではなく、豊臣政権存続か徳川政権誕生かという、統一政権の選択にあった。つまり、厳密には、戦国時代は小田原攻めで終結したというべきだろう。

分権国家から統一国家への転換、戦国最後の戦い……。忍城の攻防戦は、そうした歴史的背景の中で生起《せいき》することとなる。

実は、関東七名城に数えられる要害だった

天正十八年三月一日、秀吉本隊は京を出陣し、東海道《とうかいどう》を北条領に向け進軍。三月二十九日、豊臣軍は北条氏が箱根《はこね》に築いた要害・山中《やまなか》城を僅か半日で攻略し、四月三日に、小田原城を包囲した。

同時に秀吉は、関東一円に広がる北条氏の支城を各個撃破すべく、別働隊を派遣。一手は北陸から上野《こうずけ》に、また一手は相模から武蔵《むさし》などに侵攻させた。そうした戦略の中、忍城に向かったのが、秀吉の腹心・石田三成であった。

実はこの戦いの史料となるのは、『成田記《なりたき》』『関八州古戦録《かんはっしゅうこせんろく》』など、江戸時代の軍記物のみで、どこまでが史実なのかわからない。しかし忍城方が奮戦し、三成が水攻めを試みたのは事実であるから、ここでは通説に沿ってその経緯を見ていきたい。

石田三成は、大谷吉継や長束正家《なつかまさいえ》ら豊臣政権の奉行《ぶぎょう》衆と、佐竹氏ら関東諸大名を引き連れ、二万三千の大軍で忍城を包囲した。対する忍城の城主は、成田氏である。関東屈指《くっし》の名族で、かつて源 義家《みなもとのよしいえ》に馬上礼《ばじょうれい》を許された家柄であった。

当時、当主・氏長《うじなが》は、兵五百を率いて小田原に籠城していた。そのため氏長の従弟《いとこ》・成田長親《ながちか》が代わりに指揮を執り、脇を正木丹波守《まさきたんばのかみ》、柴崎和泉守《しばさきいずみのかみ》、酒巻靭負《さかまきゆきえ》らの武将が固めていた。しかし城の士卒《しそつ》は僅か五百弱。常識で考えれば、豊臣の大軍に抗し得ない。

また忍城包囲以前に、他の北条一族の城ですら不戦開城しており、こうした情勢では士気が下がり、降伏しても何ら不思議はなかった。しかし、長親率いる忍城方は抗戦の道を選び、同調した領民までもが城に入り、総勢約三千に達することとなる。

六月五日未明、戦いは豊臣軍の攻撃によって幕を開けた。一般に、城攻めには城方の十倍の軍勢が必要といわれるが、豊臣方は数に不足はない。

ところが攻め始めると、次々と死傷者を出す羽目《はめ》となったのである。城方の奮戦もさることながら、実は忍城は、関東七名城に数えられる要害だった。

その最大の特徴は低湿地に築かれている点で、曲輪などの防御《ぼうぎょ》施設が沼地に点在し、城が水に浮かんで見えるので、〝浮き城〟と謳《うた》われるほどであった。十六世紀初期の記録にも、〝水だらけの城〟と記され、江戸時代には城内の往来に船が使われていたともいわれている。

このため、攻め手は周囲の沼地に足を取られやすく、忍城方は動きの鈍い敵に弓矢や鉄砲を浴びせ、さらに城から突撃して突き崩したのである。

無論、三成もただ手を拱《こまね》いてはいなかった。

忍城が低湿地にあることを逆手《さかて》にとり、〝水攻め〟を敢行《かんこう》した。三成は、総延長二十八キロメートルともいわれる壮大な堤《つつみ》を僅か五日で築き上げ、六月十六日には水は堤一杯となり、城への浸水《しんすい》が始まった。

ところが水攻めが奏功《そうこう》したかと思いきや、十八日、激しい風雨で堤が決壊《けっかい》し、攻め手に大きな被害が出たのである。

水攻めは大失敗に終わり、これをもって三成を戦下手《いくさべた》とする見方がある。しかし、水攻めは鋭い着眼点であるし、才知《さいち》に長《た》けた三成だからこそ、人手を集め、これほどの短期間で堤を完成できたのである。相手が恐るべき武将だったと見るべきだろう。

籠城兵を奮い立たせたもの

水攻めに失敗した三成は一転、数の利を生かし、総攻撃を開始した。猛攻に晒され、城方は西北部の皿尾口《さらおぐち》を失陥《しっかん》。しかしなおも奮戦し、豊臣方の攻勢を退け続けた。

そして開戦から一ケ月経《た》った七月六日、豊臣軍本隊に包囲されていた小田原城が開城、降伏する。すでに北条方の支城はすべて落城しており、残るは忍城のみ。もはや援軍のあてもなく、勝利の可能性は全く失われたのである。

ところが忍城はなおも開城せず、抗戦の構えを崩さなかった。これほどの戦意は一体どこから生まれたのだろうか。明確な答えを出すことはできないものの、この忍城攻めを一躍有名にした小説『のぼうの城』(和田竜著)では、成田長親の人望に焦点《しょうてん》をあてており、非常に面白い視点だと思う。

私は、女性の存在も大きかったのではないかと考えている。行田市には、「笄堀《こうがいほり》」という伝承が残されており、笄とは髪をかきあげるためのもので、当主・氏長の妻がそれを使い、自ら堀を穿《うが》ったというのである。

この女性は名将・太田道灌《おおたどうかん》の玄孫《やしゃご》にあたり、毅然《きぜん》とした女性だったのではないか。さらには氏長の娘・甲斐姫《かいひめ》が、得物《えもの》をとって果敢《かかん》に戦ったという伝承もある。

もちろん、これらが事実か否かはわからない。しかし彼女たちが凛乎《りんこ》とした態度をもって戦いに臨《のぞ》んだからこそ、様々な逸話が生まれたのだろう。そしてそんな彼女たちを見て、城兵は奮《ふる》い立ったのかもしれない。

またこれは推測にすぎないが、領民にとって関東でも指折りの名族・成田氏を領主に仰《あお》ぐことは、誇るべきことでもあったに違いない。〝農民あがりの秀吉に、屈するものか〟という気概《きがい》が、将兵や領民に満ちていたことも想像できる。

激闘の終わりは、七月十六日に訪れた。小田原にあった当主・氏長が、秀吉の指示で忍城に開城命令を出し、成田長親はそれに従った。かくして、忍城の攻防戦は幕を下ろした。

この戦いには不明な点が多いものの、忍城が強大な敵を相手に、最後まで屈しなかったのは事実である。戦国の最終決戦を飾るにふさわしい、見事な攻防戦、守る側から見ての籠城戦であったというべきだろう。

第三部

乱世の叡智――現代に活かす

その違いから見えてくるもの

タブーやジンクスにとらわれない

織田信長《おだのぶなが》自身の言葉ではないが、信長が常に好んで口ずさんでいたものが二つある。

一つは、有名な幸若舞《こうわかまい》の「敦盛《あつもり》」の一節、「人間五十年、下天の内をくらぶれば、夢《ゆめ》幻《まぼろし》のごとくなり　一度《ひとたび》生を得て滅せぬ者のあるべきか」というもので、もう一つは、「死のふは一定《いちじょう》、しのび草には何をしよぞ、一定かたりをこすよの」という、当時はやっていた小歌である。

信長自身の言葉ではないというものの、彼の人生観がにじみ出ているといえよう。

一方、家康《いえやす》といえば、「人の一生は重荷を負いて遠き道をゆくがごとし。いそぐべからず……」という有名な言葉で始まる「東照神君御遺訓《とうしょうしんくんごゆいくん》」が広く知られ、家康の幼いときの人質《ひとじち》体験、あるいは、信長・秀吉《ひでよし》の下での忍耐の一生が二重写しになって、いかにもこれが家康の信条だったかのような受け取られ方をしている。

しかし、この「東照神君御遺訓」は、水戸黄門《みとこうもん》、すなわち徳川光圀《とくがわみつくに》の「人のいましめ」という教訓をもとに、後世になって創作されたもので、家康の言葉ではない。

戦国時代はその名の示すとおり、ほぼ毎日が合戦の連続だった。信長も家康も一生の間に何度となく戦いを経験している。そして、戦国時代の合戦は、意外とタブーやジンクスによって支配されていたのである。

たとえば、当時の出陣の作法を記した史料などには、「具足《ぐそく》を着する方、北面を忌《い》むべし」などとある。「北」という字が、敗北の「北」であり、また、「にげる」とか「やぶれる」などと読まれたからである。

この点について、『備前《びぜん》老人物語』は面白いエピソードを伝えている。

信長が一向一揆《いっこういっき》と戦っていたときのことである。一瀬久三郎という家来が、何を間違ったか信長の兜《かぶと》を北向きに置いてしまった。それを見とがめた老臣の林佐渡守《はやしさどのかみ》が、「早く向きをなおせ」といったところ、信長が、

此《こ》の敵は一揆の事なれば、何方《いずかた》より来《きた》らんもしれず、其《そ》のまゝ置き候《そうら》え

といっているのである。要するに、敵が一向一揆のことなので、そうしたタブー、ジンクスは通用しないと見ていたことがわかる。

よく、「信長は、神も仏も信じない。占いやまじないも信じない」などといわれるが、そうした考え方が合戦の場でも貫徹《かんてつ》していたことになる。

この点は家康も同じで、たとえば、関ケ原の戦いのとき、家臣の石川日向守《いしかわひゅうがのかみ》が、「出陣予定の九月一日は西ふさがりの日です。出陣の日の変更を」といってきたとき、「西はすでにふさがっている。それを開けにいくのだ」と答えた話が伝わっている。

なお、家康の合戦観として、『徳川実紀《じっき》』附録巻二十三に見える家康自身の言葉を次に掲《かか》げておこう。

軍陣は勇気を主としてきほいかゝるがよし。勝敗はその時の運次第と思ふべし。かならず勝たんと期しても勝たれず。あながちに期せずして勝つ事もあり。あまり思慮に過ぐるはかえりて損なり

戦う前から、「負けたらどうしようか」とか、あまり深く考えると、かえって士気が下がり、失敗するという教訓である。いってみれば、これが家康流の生き方であった。

「理」の信長、「情」の家康

信長に対する一般的評価を、四文字熟語で表現すると、「英邁果断《えいまいかだん》」「明晰透徹《めいせきとうてつ》」「俊敏奔放《しゅんびんほんぽう》」「剛毅果断《ごうきかだん》」といった言葉が挙げられる。秀才タイプで、悪くいえば他人のことを顧《かえり》みない自己本位型の人間、「クールな男」ということになろうか。一例を挙げておこう。

弘治《こうじ》元年（一五五五）、信長がまだ二十二歳のときのことである。信長の弟の秀孝《ひでたか》がたまたま一人で川に遊びに出かけたところを、一族の織田信次《のぶつぐ》の家臣が射た流れ矢にあたって死んでしまったことがあった。信長のすぐ下の弟・信勝《のぶかつ》は兵を率いて織田信次に戦いを挑《いど》んでいるが、信長は何もしなかった。

そのときの信長の言い分は、『信長公記《しんちょうこうき》』によると、

我々の弟などと云《い》ふ者が、人をもめしつれ候はで、一僕《いちぼく》のものゝごとく馬一騎にて懸《か》けまはり候事、沙汰《さた》の限り、比興《ひきよう》なる仕立なり

「我々の弟ともあろう者が、まるで下男のように単独で行動するからそうなるのだ」というのである。

淡泊《たんぱく》といえば、淡泊、あまり情に流されないタイプだったのであろう。家康が、一族・家臣を大事にし、常に「家臣こそわが宝」といっていたのとはずいぶん違いがある。

ただ、信長の良さは、思考のスケールの大きさにあった。これは家康の比ではない。永禄《えいろく》十一年（一五六八）、足利義昭《あしかがよしあき》を擁《よう》して上洛《じようらく》した信長のところに、翌年、イエズス会宣教師のルイス・フロイスが面会を求めてきた。そのとき、信長の側《そば》に松永久秀《まつながひさひで》がおり、久秀は「宣教師に会わない方がよい」と忠告したが、それに対し、信長は、

汝霜台《なんじそうだい》（松永久秀）、予《よ》は汝のごとき、老練《ろうれん》、かつ賢明の士が、そのように小心怯《しようしんきよう》懦《だ》なることに驚く。たかが一人の異国人が、この大国において、いったいいかなる悪

をなし得るというのか。予はむしろ反対に、いとも遠く、かくも距《へだ》った土地から、当地にその教えを説くために一人の男がやって来たことは、幾多の宗派があるこの（京都の）市にとって名誉なことと思っているのだ（フロイス『日本史（一）』）

と反論をしている。宣教師から、「地球は丸い」といわれ、ほんの少し説明を受けただけで「理にかなう」と納得した信長の思考性は、かなり柔軟だったものと思われる。

「天下布武」と「福徳」

信長が印判状《いんばんじょう》に用いた朱印《しゅいん》の印文《いんぶん》は、よく知られているように「天下布武《てんかふぶ》」である。これは単に、「武力で天下を取ってやろう」という意味ではなく、「武家による天下統一」であり、公家《くげ》や寺家《じけ》などを政権からはずすことをもくろんだものであった。その点、家康の印文「福徳」とずいぶん違っている。

では、二人が描いた国家構想は、具体的にどのようなものだったのだろうか。

フロイスの書簡の中に、宣教師たちが天皇に会いたいといい出したときの信長の言葉

が書き記されている。すなわち、

予がいる処《ところ》では、汝等は他人の寵《ちょう》を得る必要がない。なぜなら、予が国王であり、内裏《だいり》である

というもので、信長が絶対的君主になりつつあったことを示している。それが信長の最終目標でもあった。

それに対し、家康はどうだったかといえば、『武野燭談《ぶやしょくだん》』巻二に所収されている家康の言葉が端的《たんてき》に物語っている。

先祖の行跡《こうせき》を非に見て家を失ひしは、足利家の内には、義持《よしもち》、父の政道を奢《おごり》と見て、万事を改むる心から威勢次第に衰へたり。さる程に後代に至りては、公方《くぼう》将軍家の名はあれども、実無きが如《ごと》く、諸国には覇将《はしょう》多く、京都終《つい》に衰微《すいび》したり。武田勝《たけだかつ》頼《より》、斎藤義龍《さいとうよしたつ》など、品こそ変れ、先祖を非に見て家を破り身を失へり

この部分、少しわかりにくいので現代語に訳すと、「親や先祖の事績を軽《かろ》んじる者は、やがて衰退していくものだ」ということになる。

要するに、家康のいわんとしていることは歴史の積み重ねの重視であった。家康のゆっくりした歩みの原点は、このようなところにあったのかもしれない。

「朝倉宗滴話記」

常に学び、皆と分かち合うべし

乱世を生きぬいた武将の実践哲学

越前朝倉氏《えちぜんあさくら》は、五代およそ百年にわたって越前の戦国大名として君臨《くんりん》した名門である。その最後、五代義景《よしかげ》が織田信長と戦って滅亡に追い込まれたことから、何となく低い評価が与えられてしまっているが、本拠地一乗谷《いちじょうだに》を中心にして花開いた朝倉文化は、今川《いまがわ》文化、大内《おおうち》文化と並ぶものであった。

のちに十五代将軍となる足利義昭が、信長を頼る前に朝倉氏を頼っていたことを見ても、朝倉氏が戦国大名としていかに力をもっていたかがうかがえる。

その戦国大名・朝倉氏の初代・孝景《たかかげ》の、末子として生まれたのが教景《のりかげ》である。のち、出家して宗滴《そうてき》と号しているので、ここでは宗滴と表記することにする。

二代目を兄・氏景《うじかげ》が継いだが、氏景が若くして死んでしまったので、氏景の子・貞景《さだかげ》を補佐し、結局、五代目の義景まで補佐する形となった宗滴は、まさに朝倉一族の重《じゅう》鎮《ちん》であった。宗滴の死が、朝倉氏の滅亡を早めたといってもいいすぎではない。

その宗滴が、晩年、子ども達や家臣に対して語ったことを、家臣の萩原八郎《はぎわらはちろう》右衛《え》門《もんの》尉《じょう》宗俊《むねとし》が書き留《と》めた聞書集《ききがきしゅう》が「朝倉宗滴話記」である。

そこには、戦国乱世を生きぬいた武将の実践哲学がいくつも盛り込まれており、しかも宗滴は一族の重鎮という形での、いわば中間管理職に相当するわけで、その意味においても、「朝倉宗滴話記」に見える宗滴の言葉は、重みをもっているといってよい。

宗滴が折にふれて語った言葉をその都度メモした内容となっているが、全文を通読してみると、一本の柱のようなものがあることに気がつく。それをここでは〈学ぶ心〉という表現で表わしておきたい。

貯めるときには貯め、使うときには使う

たとえば、次のような記述がある。

一、当代日本《ひのもと》に国持《くにもち》の無器用、人つかひ下手の手本と申す可《べ》き人は、土岐《とき》殿、大内殿、細川晴元《ほそかわはるもと》三人也《なり》

一、又日本に国持、人つかひの上手、よき手本と申す可き人は、今川殿義元《よしもと》、甲斐《かい》武田殿晴信《はるのぶ》、三好修理大夫《みよししゅりのだいぶ》殿、長尾《ながお》殿輝虎《てるとら》、安芸毛利《あきもうり》殿、織田上総介《かずさのすけ》殿、関東には正《まさ》木《き》大膳亮《だいぜんのすけ》殿、此等之事

要するに、国持大名として、悪い手本に土岐氏や大内氏、細川氏、良い手本に今川義元や武田晴信（信玄）、長尾輝虎（上杉謙信）、織田信長らを挙げ、悪い手本の人物は反面教師として、良い手本の人物からは良いところを学ぶ心がけをしていたことがわかる。

これらの人物のどこが悪く、どこが良いかといった具体例は出てこないが、別なところでは、どのような武将の良いところを学ぼうとしていたかがわかる部分がある。一例として、伊豆《いず》の戦国大名北条早雲《そううん》から学んでいたという箇所を次に引用しておこう。

一、人間として蓄《たくわえ》なくては叶《かなわ》ざる物にて候《そうろう》。然《しかり》と雖《いえど》も、余《あまり》に徳人《とくにん》のごとく、蓄を本

として、代物《だいもつ》黄金過分に集置仁体《あつめおくじんてい》は、本々より武者はせざる由申伝《よしもうしつたえ》候。但《ただし》、伊豆之相(早)雲は、はりをも蔵に積べきほどの蓄 仕候《つかまつりそうらい》つる。然りと雖も、武者辺につかふ事は、玉をも砕つべう見へたる仁に候由、宗長《そうちょう》常に物語候事

ここでは、蓄えの大事さを伊豆の北条早雲から学んだことを語っている。「金をただ集めるだけなら、ふつうの金持ちと変わらない。武将はそのようなことをするべきではない」と教訓しているわけであるが、その見本として挙げているのが北条早雲であった。

「針をも蔵に積むべきほどの蓄え」としているが、早雲が、実際に、落ちている針を拾っては、それを蔵に積んだかどうかはここでは問題ではない。いわんとしているのは、要するに、ふだんは節約に努め、いざというときには、そうして蓄えた金を軍事費として使うのが武将としての務めであることを、教訓的にいっているのである。

しかも、注目されるのは、「宗長常に物語候」とあり、こうした早雲に関する情報伝達者が宗長だったという点である。宗長は駿河《するが》の戦国大名・今川氏親お抱《かか》えの連歌師《れんがし》

で、朝倉氏のところにも招かれていたのであろう。宗長は、伊豆・駿河の情報を朝倉氏に伝える代わりに、越前の情報を今川氏のもとに伝えていたものと思われる。

大敗北を経験した者でなければ、名将とはいえない

そしてもう一つ、「朝倉宗滴話記」から読みとれるのが、宗滴の謙虚《けんきょ》さである。謙虚さがあったからこそ、常に学ぶ姿勢をもつことができたといってよいのかもしれない。宗滴の謙虚さは文章の端々《はしばし》から読みとることができるが、たとえば、次の一文などは好例であろう。

一、巧者の大将と申《もうす》は、一度大事の後《おくれ》に合《あい》たるを申す可く候。我々は一世之間、勝合戦ばかりにて、終におくれに合はず候間、年寄候へども、巧者にては有間敷《あるまじく》候事

宗滴は、別のところで、「十八歳より七十九歳迄《まで》、自国他国の陣十二度、其内《そのうち》馬の前にてさせたる野合《のあい》の合戦七度に候が、其内三度持道具に血を付候」と述懐《じゅっかい》しているよ

うに、弘治元年（一五五五）の加賀《かが》一向一揆との戦いまで、朝倉軍の武者奉行《むしゃぶぎょう》として第一線で戦っていた。しかも、危険な目にあいながらも、それは勝ち戦《いくさ》ばかりであった。

ふつうならば、自分の連戦連勝の戦績を誇るところである。ところが宗滴は、逆に、「勝ち戦ばかりだったので、自分は名将とはいえないのだ」といっている。

ここに見える「大事の後」というのは、大敗北のことである。つまり、「一度、大敗北を経験した者でなければ名将とはいえない」といっているわけで、挫折の経験がその人を二倍も三倍も大きくするということを、宗滴は教訓として述べているのである。

部下からただ恐れられるだけではだめだ

宗滴は、朝倉一族の重鎮でありながら、いつも、自分よりはるかに若い当主を主君としてたてていた。そして、部下に対してもいばり散らすようなこともなく、慇懃《いんぎん》な態度で接していた。

「朝倉宗滴話記」の中には、次のような一文もある。

一、内之者には、おぢられたるがわろく候。いかにも涙を流し、いとをしまれたるが本にて候由、昔より申伝候。左様《さよう》に候はでは、大事之時身命《しんみよう》を捨、用に立ち難《がた》く候事

「おぢられたる」は、「怯られたる」で、「家臣たちからただ恐れられるだけではだめだ」といっている。涙を流すほど心から慕《した》われるのが望ましいというわけで、戦国という時代の中においては、こうした君臣の一体意識が大事だったことを、あらためて思いおこさせるようなフレーズである。

このように、宗滴は、常に学ぶ姿勢をもち、しかも、学んだことを決して独り占めにしないで、その成果を部下と分かち合うことを心がけていたことがわかる。

戦国時代、各大名家では、武偏咄《ぶへんばなし》（武辺話）が奨励《しようれい》されていた。それは、良い経験談、悪い経験談から、何が良く、何が悪いかを学びとろうとしていたからである。〈学ぶ心〉をもった武将こそがリーダーたりえた、といっても過言ではないように思われる。

失敗の本質

「敗れ去りし者たち」に共通する五つの要因

情報戦で負けた明智光秀と石田三成

〝勝敗は時の運〟といわれることがある。確かに、そうした面もあるだろう。

しかし、戦国時代の合戦を調べていくと、負けた側には、いくつかの共通したパターンがあったことがわかる。

まずは「情報の不足」である。

中国の兵法家・孫子《そんし》は、「彼を知り、己《おのれ》を知れば、百戦殆《あや》うからず」と説いた。つまり、相手の実情と、自分の実情を知っていれば、決して負けない、ということである。それはいい得て妙《みょう》で、相手の実情をよく知らずに戦った場合、負けることが多い。

たとえば、天正《てんしょう》十年（一五八二）の山崎《やまざき》の戦いにおける明智光秀《あけちみつひで》である。

本能寺《ほんのうじ》の変後、羽柴《はしば》秀吉は中国大返《おおがえ》しで、備中高松城《びっちゅうたかまつ》から畿内《きない》までの長距離を、僅《わず》か七日で引き返してきた。ところが光秀は、秀吉の動向を把握するのに遅れをとった。これが致命的となり、十分な迎撃《げいげき》態勢を整えることができず、敗北を喫《きっ》することになるのである。

慶長《けいちょう》五年（一六〇〇）の関ケ原《せきがはら》の戦いにおける石田三成《いしだみつなり》も、情報不足で敗《やぶ》れたといっていいだろう。

決戦の前日、三成は大垣城《おおがき》にいた。このとき、西軍陣営はある情報に浮き足立つ。大垣城北西の赤坂《あかさか》に、徳川家康の本陣旗が掲げられたからである。

つまりこのときまで、西軍側は家康の動きをつかんでおらず、「家康が、ついに現われた」と驚いたのである。

家康も西軍に察知されぬよう隠密《おんみつ》行動をとったのだろうが、それでも一万くらいの兵は率いていた。それが江戸から美濃《みの》まで移動するのだから、間諜《かんちょう》を置いておけば、察知できたはずだ。

これは明らかな失策であり、家康本人の出現に度肝《どぎも》を抜かれ、急いで関ケ原へと動いたことが、敗北につながったといえる。

従来の考えに引っ張られ……

二つ目の敗因は、意外に思われるかもしれないが、「親子の意見対立」である。

たとえば、元亀《げんき》元年（一五七〇）の、金ケ崎《かねがさき》の退《の》き口《くち》から姉川《あねがわ》の戦いにおける、浅井《あざい》久政《ひさまさ》・長政《ながまさ》親子が挙げられる。

浅井親子は、越前の朝倉義景を攻めようとする信長を裏切り、それがゆえに、姉川の戦いで敗北し、のちに滅亡することになる。

信長を見限ったのは、父・久政が朝倉氏との古くからの縁を重視したからだろう。おそらく息子の長政としては、これからは義理の兄である信長の時代と見なし、信長側につきたかったのではないか。

年の功という言葉はあるが、戦国時代においては、親が従来の考えにとらわれ、子がそれに引っ張られて失敗するケースが多く見られる。

反対に、親子の考えがまとまっている家は強い。

本能寺の変の後、細川幽斎《ゆうさい》（藤孝《ふじたか》）・忠興《ただおき》親子は、明智光秀から味方するよう誘われる。幽斎は古くから光秀と縁《えん》があり、忠興は光秀の娘を娶《めと》っていた。それにもかかわらず、光秀に与《くみ》することはなかった。細川親子は、関ケ原の戦いにおいても徳川家康支持で一貫しており、戦後、豊前小倉《ぶぜんこくら》の大名となっている。

黒田官兵衛《くろだかんべえ》・長政《ながまさ》親子も、考えがまとまっていた親子といえる。関ケ原の戦いでは、官兵衛が九州で戦い、長政が家康の側近くで戦ったものの、反三成という点では連携しており、筑前《ちくぜん》の大名として家を発展させている。

戦国時代に親子対立はつきものだが、これを乗り切ることのできる家は、やはり強いといえよう。

勝利が次の判断を誤らせる

三つ目の敗因は、「自信過剰《かじょう》」である。

この典型例は、桶狭間の戦いにおける今川義元であろう。

今川家は、足利将軍家に連なる名家であり、合戦当時、駿河、遠江《とおとうみ》、三河《みかわ》の三ケ国を治める大大名であった。そして、二万五千ともいわれる大軍を率いる義元からすれば、尾張《おわり》一国を治めるにすぎない信長は、さほど力のある存在に見えなかったのではないだろうか。

そこに一瞬の隙《すき》が生じ、信長に首を討《う》たれることとなったのだろう。

義元は、一般にイメージされるような愚将《ぐしょう》ではなく、むしろ領国経営などでは、先進的な取り組みをした大名であった。

それほどの実力者であっても、自信過剰に陥《おちい》ったとき、失敗を犯すのである。

自信過剰という点でもう一人取り上げたいのは、天正三年（一五七五）の長篠《ながしの》・設楽《したらが》原《はら》の戦いで敗れた武田勝頼だ。

勝頼の自信過剰を生み出したのは、この戦いの前年、遠江の高天神《たかてんじん》城を攻略したことだった。

前述のとおり、この城は、父・信玄《しんげん》さえも簡単に落とせなかった要害《ようがい》だったが、勝頼は城を猛攻。家康が単独では助けられないと見て信長に援軍を要請《ようせい》したが、結局、信長も間に合わずに城は落ちた。

これに自信を得たことで、勝頼は長篠・設楽原で、兵力に優《まさ》る織田・徳川連合軍相手に、決戦を挑むことを決断する。

結果は周知のとおり、重臣多数を討ち取られる大敗北となった。

もちろん、勝頼の気持ちには、わからなくはない面もある。

勝頼は信玄の四男だが、諏訪《すわ》家を継ぐ身として育てられたため、家督《かとく》相続後も、信玄以来の重臣たちから一段低く見られていた。それを振り払うべく高天神城を攻略したことで、「どうだ、俺の実力を見たか」と自信を得て、さらに織田・徳川連合軍を撃破しようとなるのは、やむを得ない面もあるだろう。

しかしそれでも、一時の自信過剰は、判断を誤らせるのである。

「プライドへの固執」が身を滅ぼす

四つ目の敗因は、「プライドへの固執《こしつ》」である。

その好例は、天正十八年（一五九〇）の小田原合戦における北条氏である。天下統一を進める秀吉から上洛して服属するよう求められるが、四代目・氏政《うじまさ》と五代目・氏直《うじなお》は上洛しようとしなかった。

彼らには、北条早雲以来、五代百年にわたり、関東に覇を唱《とな》えてきたという矜持《きょうじ》があった。だからこそ、成り上がり者の秀吉に屈するのをよしとしなかったのだろう。

後世からすると、時流が読めないということになるが、彼らのいい分もわからなくもない。

第二部でも述べたように、秀吉が台頭するまでは、東北は伊達《だて》氏、四国は長宗我部《ちようそかべ》氏、九州は島津《しまづ》氏、そして関東は北条氏が覇権を握っていた。

だから天下統一ではなく、そうした地方政権が分立する状態になってもおかしくはなかった。

おそらく、息子の氏直は妻が家康の娘でもあることから、そこからの情報により、秀吉に敵《かな》わぬことはうすうす気づいていたのではないだろうか。

それでも、父・氏政は「秀吉に頭を下げるのだけは嫌だ」と思っており、それが小田原合戦へとつながり、滅亡することとなったのだろう。

ただ、こうしたプライドへの固執は、北条を滅ぼした豊臣家自体にも当てはまる。

豊臣家も慶長十九年（一六一四）、大坂《おおさか》の陣が起きる前に家康に膝《ひざ》を屈していたら、大名家として存続する可能性が残されていた。

豊臣秀頼《ひでより》自身がそれについてどう考えていたかはよくわからないが、少なくとも母の淀殿《よどどの》は、家康に頭を下げたくないと最後まで思っていた節《ふし》がある。

生き残るか滅ぶかの瀬戸際《せとぎわ》で、プライドが命運を左右することもあるのである。

味方づくりのため、百六十通も手紙を出した家康

最後の敗因は、「味方づくりの失敗」である。

再び、山崎の戦いにおける明智光秀を例に挙げよう。

この合戦前、明智光秀は細川幽斎・忠興親子だけでなく、筒井順慶《つついじゅんけい》や中川清秀《なかがわきよひで》、高山右近《たかやまうこん》といった武将を味方に引き入れようとしていた。

ところが、彼らは皆、光秀に味方しなかった。本来であれば、中川と高山は光秀の与力《よりき》として指揮下にあり、味方してもおかしくはなかった。それでもそうしなかったのは、やはり主殺《しゅう》しだったことが枷《かせ》になったのかもしれない。

一方、相手となる秀吉は、味方づくりに長《た》けていた。

光秀に味方しなかった中川清秀に対し、手紙で「信長様は襲われたが、無事である。これから、光秀を一緒に討ちに行こう」と誘うのである。

本能寺の変直後で情報が錯綜《さくそう》しているのをいいことに、「信長が生きている」と堂々とウソの内容を書けるというのは、やはり秀吉はすごい男である。

また、関ケ原合戦における家康も、味方づくりに成功したといえよう。

決戦前、家康はほぼ一ケ月かけて、全国の大名に宛《あ》て、百六十通ほども手紙を出した。

もともと豊臣恩顧《おんこ》の大名が多い中、自分から動かなければ味方はできないと見極め、とにかく一生懸命に根回しをし、勝利を手繰《たぐ》り寄せたのである。

この点、三成はその努力に欠けていたかもしれない。もちろん、敗者となったことで、三成からの書状をもっていてはまずいということになり、その手紙が破棄《はき》された可能性もなくはない。

とはいえ、近江・佐和山《さわやま》の一大名でありながら、家康に匹敵《ひってき》する軍勢を動員できたのは称賛《しょうさん》に値する。

それでも、親友の大谷吉継《おおたによしつぐ》から「お前は人望がない。主将は毛利を立てろ」といわれたのは、味方づくりの能力に欠ける面があったからであろう。

以上、敗北を招く五つの要因について取り上げてみた。ただ、これはいっておきたいのだが、負けたことのない武将などいないのである。天下人となった信長、秀吉、家康もそれぞれに失敗を犯している。そうした失敗をいかに次に生かすかが、大事なのである。

強さの真髄

「負けない組織」が教えてくれる五つの条件

厳しい軍律で統制をはかった毛利家

戦国時代には、数多くの大名家が存在した。そうした中で、領土を広げたり、精強を謳《うた》われたりした軍団を見てみると、「負けない組織」の条件として、五つのポイントが挙げられる。

その一点目は、「軍律《ぐんりつ》の厳しさ」である。

戦国大名は、合戦に勝つため、組織的な軍事行動をする必要から、軍律を定めた軍法《ぐんぽう》書《しょ》とか軍法掟《おきて》などと称される文書を残している。そして、強さを発揮した戦国大名のそれを見ていくと、かなり厳しいことが書いてあることがわかる。

たとえば、中国地方の覇者となった毛利元就《もとなり》とその息子・隆元《たかもと》は、「大将の下知《げじ》に従わず、抜け駆けして敵を討ち取ったとしても、それは功績にはならない」という内容の軍法を定めている。

戦国の世に生きる者であれば、手柄《てがら》を立てたいものだ。しかし、皆が手柄を求めるあまり抜け駆けをすれば、組織的な戦いができなくなってしまう。

その一方で毛利父子は、「踏みとどまって戦うべきところを退《しりぞ》いた者は、被官《ひかん》放つ事」、つまり退いたらクビにするとも定めている。

抜け駆けを禁じ、一方で、逃げることも禁じる……。これは一見、非常に厳しい内容だ。

しかし、いざ戦となれば、数千から数万の兵を統率しなければならない。それだけの大人数がまとまりを保ち、組織的な戦闘をするには、厳しい軍律を欠くことはできなかったのである。

「家臣のやる気」を保つために武田信玄がしたこと

だが、抜け駆け禁止というのは、難しい問題をはらんでいる。

家臣の中には、「功績を挙げて、一軍の将になりたい」とうずうずして、いざ合戦となれば、すぐにでも飛び出していきそうな者もいる。

一軍を率いる将は、家臣たちのそうした逸《はや》る心をうまく抑えなければならない。しかし一方で、そういう元気な者がいなければ、合戦に勝つのは難しいことも、また事実である。

家臣のやる気を保ちつつ、組織として統率するというのは、並大抵のことではなかっただろう。

その意味で、「負けない組織」の要件の二点目として、「部下への励まし」が挙げられる。

部下たちのやる気を引き出すのは、戦国時代においても非常に重要なことであった。では、どうすれば、やる気が出るのか。そのためには現代同様、「褒《ほ》める」ということが有効だった。

その点で長けていたのが、甲斐の武田信玄である。

武田家の事績《じせき》や軍法を記した『甲陽軍鑑《こうようぐんかん》』によると、戦いに勝ったとき、信玄は「自分の采配《さいはい》が良かったから勝った」とはいわなかった。「お前たちの働きが良かったから勝った」といって、近習《きんじゅ》や小姓《こしょう》だけでなく、小人《こびと》や中間《ちゅうげん》といった身分の低い者をも褒めたのだ。

しかも、ただ褒めるのではない。『甲陽軍鑑』の他の記述からは、信玄が「ここが良かった」と、具体的に褒めていたことがうかがえるのである。

人はともすれば、手柄を一人占めしたがるものである。しかし、それを上の者がしてしまえば、下の者は鼻白《はなじろ》み、やる気を失ってしまうだろう。

大将が自分自身の功名心を抑えられるような組織でなければ、家臣は心服せず、勝つことはできないのである。

能力を見極めて人材を登用すべし

三点目としては、「能力本位の人材登用」が挙げられる。

そもそも戦国時代、特に前半は、世襲制が根強く残っており、家老の子に生まれれば、家老になるのがふつうであった。

たとえば、のちに羽柴秀吉の軍師となる黒田官兵衛は、父・職隆《もとたか》が小寺《こでら》家の家老だったため、若くして家督を継ぐと、家老職も継いでいる。

世襲した家老が官兵衛のように有能であればよいが、競争の激しい時代において、能力のない者が家柄だけで高い地位に就《つ》けば、その組織が勝ち残っていくことは難しい。

その点、先見の明が光るのが、越前の朝倉孝景である。戦国時代初期に活躍し、朝倉氏繁栄の礎《いしずえ》を築いた人物だ。

孝景が残した「朝倉孝景条々《じょうじょう》」には、「朝倉の家では宿老《しゅくろう》を定めてはならない。家臣の器量と忠節によって取り立てるべき」とか、「不器用の人に軍配《ぐんばい》を預けてはならない」といったことが記されている。

要するに、世襲を否定し、知恵と人徳を備えた人物を宿老に任ずるべきとしており、譜代門閥《ふだいもんばつ》主義を打破しようとしていたことがわかる。

こうした能力本位の人材登用を最大限活用したのは、やはり織田信長であろう。

信長家臣団には、柴田勝家《しばたかついえ》や丹羽長秀《にわながひで》といった譜代もいたが、羽柴秀吉や明智光秀といった、今でいう中途入社組もいた。

信長は、そうした中途入社組も交《まじ》えて出世を競《きそ》わせることで、家臣団の活性化を図《はか》り、版図《はんと》拡大を実現していったのである。

さらに付け加えると、信長は部下の才能を掘り起こすこともした。

たとえば、秀吉と同時期に信長に仕えた人物として、前田利家《まえだとしいえ》がいる。家柄でいえば利家の方が上で、武功面でも、「槍《やり》の又左《またざ》」の異名《いみょう》をとるほどであったので、秀吉より早く出世してもおかしくはなかった。

しかし実際には、秀吉の方が早く出世している。それは秀吉が、「話術」によって信長に見出《みいだ》されたからであろう。

美濃の斎藤氏攻略の際、秀吉の話術に目を付けた信長は、敵方の寝返り工作に従事させている。秀吉はこれに成功し、出世の階段を上っていくのである。

いずれにせよ、能力のある者を登用できたか否《いな》かは、譜代門閥主義が残る戦国時代において、大きな意味をもっていた。

本業を疎かにしてはならない

四点目として挙げられるのは、「日常の武芸鍛錬《たんれん》」である。

やはり、常日頃の鍛錬が行き届いていなければ、負けにつながっていくのではないだろうか。

たとえば、桶狭間の戦いで信長に敗れた駿河の今川義元である。義元は文化政策にも力を入れ、本拠の駿府《すんぷ》を文化都市として繁栄させたが、文化を重んじるあまり、武芸が疎《おろそ》かになった面があったのだろう。

それは、周防《すおう》の大内義隆《よしたか》にも通じる。義隆は、一時は西国《さいごく》で大きな版図を築き、本拠の山口を文化都市として発展させた。しかし、義隆も文化に傾注《けいちゅう》するあまり、重臣・陶晴賢《すえはるかた》の下剋上《げこくじょう》を許してしまうのである。

普段から武芸の鍛錬を怠《おこた》らないことは、負けない組織の重要な条件といえよう。

武芸への心構えがよく表われているのは、加藤清正《かとうきよまさ》の残した家訓だ。

そこには、「朝早くに起きて、剣術、弓射《きゅうしゃ》、鉄砲、乗馬の鍛錬をするべき」ということが記されている。

秀吉家臣団の武功派代表格である清正らしい内容で、加藤家の家風がうかがえる。

武芸の奨励が家臣の末端まで行き届いている家と、そうでない家とでは、合戦の際に大きな差となって現われるのである。

勝利を得ても油断してはならない

最後の五点目としては、「油断の戒《いまし》め」が挙げられる。

戦国武将なら誰しも、勝つためにはどうすればよいかと考える。しかし、作戦がうまく当たり完勝すれば、どうなるだろうか。そこから、組織に驕《おご》りや油断が生まれることもあるだろう。

それをよくわかっていたのが、武田信玄である。『甲陽軍鑑』によると、信玄は「合戦は六分《ぶ》か七分の勝ちが一番いい」と語っている。つまり、八分以上の勝ちはかえって危険で、九分、十分の勝ちになってしまうと、それは大負けの下地となると警告しているのである。

実は、これと同じような考え方をしている武将は、他にもいる。

小田原北条氏の二代目・氏綱《うじつな》の遺言状《ゆいごんじょう》「北条氏綱公御書置」には、次のようにある。

手際なる合戦ニておびただしき勝利を得て後、驕《おごり》の心出来《しゅったい》し、敵を侮《あなど》り、或《あるい》ハ不《ふ》行儀《ぎょうぎ》なる事必ずある事也。つつしむべし〳〵。かくのごとく候て滅亡の家、古来より多し。この心万事にわたるぞ。勝《かつ》て甲《かぶと》の緒《お》をしめよという事、忘れ給《たま》ふべからず

「勝って甲の緒をしめよ」といういい方がいつ頃から見られるのかわからないが、これは比較的早い事例であろう。

名将と謳われる信玄と氏綱はともに、完勝から来る油断を戒めたのである。

リーダーに求められること

こうして見ると、戦国大名にとって、家臣の統率がいかに難しいものかが、わかるのではないだろうか。

その点で、やはり傑出《けっしゅつ》した統率力を発揮したのは、武田信玄だ。褒めて家臣の力を十分に引き出すだけでなく、勝っても驕《おご》ることなく、戦いに勝ち続けていったといえよう。

統率という点では、徳川家康も長けていた。家康は版図拡大の過程で、三河の譜代衆

を核として、今川家、武田家、北条家の家臣団を吸収していった。いわば、寄せ集めの集団を一つにまとめて天下を統一したのである。それを成し得たのは、家康の人柄もあるのではないか。

こんな逸話《いつわ》がある。豊臣政権下で五大老《ごたいろう》が各家の宝物自慢をしていたところ、家康だけが黙っていた。そこで秀吉が家康に話を向けると、「田舎《いなか》の出なので宝物はありません。しかし、自分のために命を捨ててくれる家臣が五百はいます。これが宝です」と答えたという。

当然、座はしらけるし、家康がどの程度計算していたのかはわからない。

しかし、もし家臣がその話を耳にすれば、家康のためにさらに働こうと思ったに違いない。

家康には、「この人のためならば」と思わせる人心掌握《しょうあく》術があったのである。

最後に、負けた武将ではあるものの、石田三成についても触れたい。

三成が率いる石田家臣団は、関ケ原で敗れ去った。しかしながら、戦場では大いに奮戦し、劣勢になってもなかなか崩れることなく、西軍の意地を見せた。それはおそらく、三成のもっている理想や、彼の掲げる大義を、家臣たちが信じることができたからであろう。

部下が共感し、その人についていこうと思える理想や大義をもつこと――。組織を率いるリーダーには、それが求められるのではないだろうか。

戦国余話 三

信長が抜擢したあんな人、こんな人

当時、画期的だった信長流の人材登用

守護・守護大名といった旧権力に対し、新しさが売りものの戦国大名ではあるが、家臣登用に関しては、意外と古さを残していた。越前朝倉氏初代の朝倉孝景が、自ら制定した「朝倉孝景条々」の第一条で、「朝倉の家において宿老を定むべからず。その身の器用・忠節によるべく候事」と、能力主義を謳っているのが目立つ程度であった。

そうした能力主義による家臣登用で成功したのが織田信長である。信長にも、父祖以来の譜代家臣というべき部将はたくさんいた。しかし信長の場合、そうした譜代門閥層だけではなく、まさに、「その身の器用・忠節」によって抜擢《ばってき》された家臣が、家臣団の主流となっていたのである。

信長の織田家は、周知のように尾張守護・斯波《しば》氏の二人いた守護代の一つ、清須《きよす》織田

氏の重臣の家柄にすぎなかった。したがって、織田家の譜代門閥層といってもレベルはたかが知れていた。

信長が尾張一国の統一を成し遂《と》げ、さらに飛躍していこうというとき、譜代門閥層だけでは人材が不足していたことは確かで、これが、信長流人事破壊ともいうべき能力主義導入の大きな要因となったことは疑いない。

信長の能力主義人事として特に注目されるのは、出身階層や経歴に関わりなく、その人の能力だけが評価され、抜擢されていった点である。

戦国時代、家臣の供給源は郷村《ごうそん》であった。村々に住む苗字《みようじ》をもつ百姓《ひやくしよう》、すなわち「名字《みようじ》の百姓」が、土豪《どごう》とか地侍《じざむらい》と呼ばれ、ふだんは農業に携《たずさ》わり、戦いのときだけ、武器をもって参陣する兵農未分離の状態であった。彼らが戦いの場で戦功を挙げ、次第に抜擢されていくということはそれまでにも見られた。

しかし、それより下層の、苗字をもたないふつうの百姓が取り立てられるということはほとんどなく、よくて足軽《あしがる》どまりであった。ところが、信長の場合、最下層の貧しい百姓であっても、能力さえあれば、その能力に応じた仕事をさせ、しかも譜代門閥層と競わせたりした。

その典型例というべき者は羽柴秀吉であろう。秀吉は、木下藤吉郎《きのしたとうきちろう》と称しており、父の名を木下弥右衛門《やえもん》と書いてある史料もあったりして、木下という苗字をもつ百姓だったと見る向きもあるが、秀吉は苗字をもたない貧しい百姓の出身であった。

その秀吉が、織田家の宿老・柴田勝家と肩を並べるまでに出世したわけで、これが信長の人材登用の新しいところであった。

軍事面以外でも、能力を発揮した二人

秀吉と功を競った明智光秀は、美濃守護・土岐氏の一族・明智氏の系譜《けいふ》を引き、秀吉よりははるかに上層に属す階層の出である。したがって、光秀レベルの部将が出世するのは、ある意味ではあたりまえのことだったといってよい。

しかし、そうはいっても、光秀の場合も、その抜擢ぶりは当時の一般的なケースから見て異例である。光秀は、斎藤義龍に美濃を逐《お》われ、諸国を流浪《るろう》したのち越前の朝倉義景に仕えていた。

たまたま、朝倉義景を頼って越前にいた足利義昭・細川藤孝《ふじたか》主従と懇意《こんい》になり、義昭

を信長に引き合わせる橋渡し役を務め、その功によって信長に仕えることになり、短時日のうちに柴田勝家ら宿老と肩を並べ、さらにはそれを追い越しているのである。

光秀が、元亀二年（一五七一）九月の比叡山延暦寺《ひえいざんえんりやくじ》焼き討ち後、その功によって近江《おうみ》坂本《さかもと》城主となり、志賀《しが》郡を与えられたのは、信長家臣団の中でいわゆる「一国一城の主《あるじ》」になった第一号であった。第二号が羽柴秀吉で、これら〝中途入社組〟がはえぬきの柴田勝家・丹羽長秀らを追い抜いているのである。

秀吉の場合は、清須城の普請《ふしん》奉行を拝命した折など、要所要所でもちまえのアイデアを発揮し、それが信長の目にとまったという側面があり、当時のいい方でいえば、秀吉に「算勘《さんかん》の才」あるいは「計数の才」があり、その特技が能力主義本位の信長のおめがねにかなったといえる。

光秀は、将軍・義昭とのつながり、さらには将軍を通じて対朝廷工作などにおいて、もてる力を発揮した。つまり、二人とも、単に軍事面で能力を発揮しただけではなく、他の部将たちにはない特技が身を助けることになったことがわかる。

一芸が身を助ける

実は、信長の家臣たちを見ると、自分がもっている特技が信長に評価され、抜擢されていったという例が結構目につくのである。

時代が戦国乱世なので、特技も文よりは武であり、当時は、「文武弓馬の道」などといわれたように、武に関しては、弓術や馬術に長けていた者が日の目を見る率が高かったことがうかがえる。

弓術では、大島光義《おおしまみつよし》という部将が知られている。大島光義は美濃の武士で、十三歳のとき、戦いに加わり、弓で敵を射殺したといわれ、とにかく百発百中の腕だったという。

はじめ、長井《ながい》隼人正道利《はやとのしょうみちとし》に仕えていたが、信長の力が美濃に及んだとき、弓の腕前が評判だった大島光義は信長に招かれ、弓大将を仰《おお》せつかっている。一芸が立身の糸口になった好例である。

信長自身、馬が好きだったこともあって、馬術に長けた者の抜擢もかなりあった。一番有名なのが矢代勝介《やしろしょうすけ》の場合であろう。

矢代勝介は、『信長公記』に「関東の矢代勝介と申す馬乗り」とあるので、関東から上ってきた馬術家であった。ただ、その名前が見えるのは、天正九年（一五八一）の左義長《さぎちょう》（正月に行なわれる火祭りの行事）のときからで、新参《しんざん》もいいところである。しかも、新参ながら、翌年の本能寺の変のときには、厩《うまや》から討って出て明智の軍勢とそこで戦い、討ち死にを遂げている。仕えてまだそう年月がたっていないのに討ち死にしたのは、左義長のときとか、京都での馬揃《うまぞろ》えのときとかで、晴れの舞台を演じさせてくれた信長に対する感謝の念があったからかもしれない。

梶川高盛《かじかわたかもり》という部将は、はじめ水野信元《みずののぶもと》に仕え、ついで佐久間信盛《さくまのぶもり》の与力となった。水野信元は自刃《じじん》、上司の佐久間信盛は信長によって追放されているので、主人運は悪かった。しかし、馬術という一芸が身を助けた。

天正元年（一五七三）七月の宇治《うじ》・槇島《まきしま》城攻めのとき、この梶川高盛が宇治川の一番乗りを演じ、信長から馬を褒美《ほうび》に与えられているが、佐久間追放後、信長に召し出され、直接仕えることになったのである。なお、梶川高盛は、単に馬に乗るのが上手だったというだけではなく、馬の目利《めき》きとしても知られていたという。

そのほか、やや変わったところでは、相撲取《すもうとり》からの転身がある。信長は相撲が好きで、たとえば、元亀元年（一五七〇）三月三日に近江の常楽寺《じょうらくじ》で近江国中の相撲取を集め、相撲を取らせたことがあった。

そのときの勝者鯰江《なまずえ》又一郎《またいちろう》と青地与右衛門《あおじよえもん》の二人に褒美を与え、家臣の列に加えているのである。二人とも、もとは信長の敵対者六角《ろっかく》氏の遺臣だったと思われ、この場面で信長は、敵対した者の遺臣であっても、能力の方を買ったことがうかがえるのである。

【初出一覧】いずれも月刊誌『歴史街道』(PHP研究所)

※本書収録にあたり改題し、大幅な加筆修正を行なったものもある。

毛利元就

「知力」と「決断力」で活路を切り拓く――――――2021年 7月号

北条氏康

領民と融和した国づくりを目指して――――――2008年 4月号

武田信玄

「柔軟性」「即応力」、そして「謙虚さ」を――――――2021年11月号

豊臣秀吉

気働きに「危機管理能力」と
「経営的手腕」が加わり……――――――2002年10月号

前田利家

一介の武辺者は、困難から多くを吸収した――――――2022年 9月号

黒田官兵衛

スケールの大きな「視野」と「智略」の軍師――――――2014年 2月号

伊達政宗

想像を絶する「したたかさ」と「度胸の良さ」――――――2018年11月号

徳川家康

太平の世を築いた「列島支配構想」とは――――――1989年 3月号

戦国余話㊀

研究によって覆ってきた織田信長像――――――2015年 4月号

桶狭間の戦い

兵力差も上洛目的も迂回しての奇襲も……――――――2010年 6月号

PHP新書
PHP INTERFACE
https://www.php.co.jp/

小和田哲男［おわだ・てつお］
1944年、静岡市生まれ。早稲田大学大学院文学研究科博士課程修了。静岡大学教育学部教授を経て、同大学名誉教授。文学博士。公益財団法人日本城郭協会理事長。専門は日本中世史。NHK大河ドラマ『秀吉』『功名が辻』『天地人』『江〜姫たちの戦国〜』『軍師官兵衛』『おんな城主　直虎』『麒麟がくる』『どうする家康』の時代考証を担当。主な著書に、『戦国武将の叡智』(中公新書)、『戦国の群像』(学研新書)、『明智光秀・秀満』(ミネルヴァ書房)、『徳川家康　知られざる実像』(静岡新聞社)、『徳川15代の通信簿』(だいわ文庫)、『豊臣秀次』(PHP新書)、『明智光秀と本能寺の変』(PHP文庫)などがある。

教養としての「戦国時代」

PHP新書 1345

二〇二三年三月二十九日　第一版第一刷

著者――小和田哲男
発行者――永田貴之
発行所――株式会社PHP研究所
東京本部――〒135-8137 江東区豊洲5-6-52
ビジネス・教養出版部 ☎03-3520-9615(編集)
普及部 ☎03-3520-9630(販売)
京都本部――〒601-8411 京都市南区西九条北ノ内町11
組版――有限会社エヴリ・シンク
装幀者――芦澤泰偉＋明石すみれ
印刷所――大日本印刷株式会社
製本所――東京美術紙工協業組合

ISBN978-4-569-85438-0

ＰＨＰ新書刊行にあたって

「繁栄を通じて平和と幸福を」（PEACE and HAPPINESS through PROSPERITY）の願いのもと、ＰＨＰ研究所が創設されて今年で五十周年を迎えます。その歩みは、日本人が先の戦争を乗り越え、並々ならぬ努力を続けて、今日の繁栄を築き上げてきた軌跡に重なります。

しかし、平和で豊かな生活を手にした現在、多くの日本人は、自分が何のために生きているのか、どのように生きていきたいのかを、見失いつつあるように思われます。そして、その間にも、日本国内や世界のみならず地球規模での大きな変化が日々生起し、解決すべき問題となって私たちのもとに押し寄せてきます。

このような時代に人生の確かな価値を見出し、生きる喜びに満ちあふれた社会を実現するために、いま何が求められているのでしょうか。それは、先達が培ってきた知恵を紡ぎ直すこと、その上で自分たち一人一人がおかれた現実と進むべき未来について丹念に考えていくこと以外にはありません。

その営みは、単なる知識に終わらない深い思索へ、そしてよく生きるための哲学への旅でもあります。弊所が創設五十周年を迎えましたのを機に、ＰＨＰ新書を創刊し、この新たな旅を読者と共に歩んでいきたいと思っています。多くの読者の共感と支援を心よりお願いいたします。

一九九六年十月

ＰＨＰ研究所